精神科医が教える

A psychiatrist teaches the amazing power of quiet people.

「静かな人」のすごい力

内向型が「秘めたる才能」を120％活かす方法

マンハッタン精神医学センター 精神科医
大山栄作

現在、アメリカで活動している
日本人の精神科医は
合計しても
10人にも満たない。

私はその内の1人として、
ニューヨークはマンハッタンで、
研修医時代も含めれば20年以上、
精神科医として
日々、患者さんと接している。

医者であり、しかも、
「超外向型社会・アメリカ」で
活動している——。

こんな風に言うと、
まるで私が活発的で、
輝かしい人物だと思うだろうか?

でも実際の私は、
おとなしくて、非常に恥ずかしがり屋だ。

シャイで、物静かで、
社会に出てからも、
たくさん壁にぶつかってきた
「内向型」のひとりだ。

しかし、そんな私が精神科医として、
延べ1万人以上を診てきて
思うことがある。

ビル・ゲイツ、ウォーレン・バフェット、
マーク・ザッカーバーグ、イーロン・マスク……。
ケタ外れの活躍をしている人には、
内向型が非常に多い――。

それもそのはずで、
近年、世界の研究機関で次々と、
内向型の「秘めたる潜在能力」が
科学的に証明されてきている。

冷静さ、思慮深さ、洞察力、客観力、
独創性、集中力、傾聴力、共感力……。

内向型には本来、
科学的に「すばらしい能力」が備わっている。

現代の〝極端すぎる外向型社会〟が、
その才能にフタをしているだけだ。

本書では、
精神科医として1万人以上を診てきた経験と
世界の科学論文など最新のエビデンスに基づき、
内向型が「本来持ち合わせている才能」
を再認識するとともに、
その「選ばれし潜在能力」を
フルに開花させる方法を
お伝えしていく。

精神科医が教える
「静かな人」のすごい力

プロローグ

騒がしすぎるこの世界に潜む「静かな才能」

外向型社会・アメリカで苦しんだ「内向的な精神科医」

「大勢でワイワイおしゃべりするよりは、静かに1人で過ごすことが好き」
「グループで行動するより、他者と1対1での関係と信頼を築きたい」
「何をするわけでもなく、考える時間が欠かせない」
「発言や行動の前にじっくり考えたい」
「仕事にはじっくり集中して取り組みたい」

これらは「内向型」の特徴ですが、本書を手に取られた方はおそらくいくつも当てはまるのではないでしょうか。

私もそのひとりです。

現在、私はアメリカ・ニューヨークで、精神科医として年間延べ1000人以上の患者さんと向き合っています。

「内向型の潜在能力」を証明した論文をたくさん見てきた今だからこそ、「内向型は秘めたるパワーを持つすごい存在」だと自信を持って言えますが、幼いころから「自分は周りの人とは何かが違うな」と感じていました。

「もしも失敗したらどうしよう」

「こんなことを言ったら、相手を怒らせてしまうだろうか」

優柔不断で心配性で、「新しい環境」や「大勢の人がいる場」に行くと体がこわばってしまう。多くの見知らぬ人の前で話そうものなら緊張で喉がカラカラになって、最後にはどっと疲れてしまう。

そもそもしゃべるのが苦手で、打ち解けるのに時間のかかる私は、1人で時間を過ごすことに安心を感じていました。

しかし、学校でも社会でも、人は頻繁に「外向的なふるまい」を求められます。

そんな中、自分から話しかけないというだけで「相手に興味がない」と思われてしまったり、「礼儀がなっていない」と誤解を受けたりすることも多々ありました。

日本の大学を卒業して、精神科医として働いていましたが、医者の世界も実は「外向型優位の世界」。病院内での人間関係をうまくこなすことが、その人の評価を決めると言っても過言ではありません。

一方の私はというと、「会議」や「エレベーターでの軽い雑談」や「飲み会」が苦手で、普段から「積極的に前に出ないことで過小評価されている」と感じていたのが正直なところです。

その後、今から約20年前にアメリカに渡ってきましたが、そのときも周囲に「アメリカでやっていけるの？」と心配されました。

アメリカといえば外向型の人が活躍する社会だからです。


外向型は文字通り内向型とは正反対の性質です。


「グループでいることを好み、あっという間に友達をつくれてしまう」

「行動的で、考えていることを口に出し、自然とリーダーシップを発揮する」

「人との交流や集まり、意見交換といった外からの刺激を通じてエネルギーを得る」


内向型の私がアメリカに渡ったら、どうなるか。誰の目にも明らかだったはずです。

実際、アメリカでの研修医時代に私は壁にぶち当たりました。

アメリカで会った研修医の誰もが自信に満ちて見え、自分をアピールするのが上手な外向的なエリートが多くいました。

そして、そんなアメリカ社会になじもうと、私も「外向型みたくなろう」としてしまいました。誰に何を言われようとも気にしない陽気な男を演じ、常に愛想笑いを浮かべていたのです。

他の研修医に英語の発音を馬鹿にされてもニコニコしていましたが、上司に「君のことが好きだから言うけれど、君が無理して愛嬌を振りまいているのを僕は知っている。自分をしっかり持っていないと、アメリカでは生き残れないぞ」と言われ、結局、研修医を1年多くやることになってしまいました。大学でいえば、留年したわけです。

今思い出しても人生の大きな分岐点でしたが、私はその後、無事に研修医を終えて、精神科医としてアメリカで10年以上働いています。

でも、「外向型みたく」なったわけではありません。

何が変わったのか？

「自分らしく」、つまり「内向型らしく」いるようになったのです。

私は他の人より劣っているわけではない。

ただ、違うだけなんだ。

外向型には外向型の個性があり、内向型には内向型の個性がある。「それぞれの持ち味を活かしていけばいいのだ」と思うようになったのです。

その思いがさらに強くなっていったのは、「内向型の潜在能力」を示した研究論文に触れるようになってからです。

序章以降で、皆さんにも詳しくシェアしていきますが、本書で皆さんにお伝えしたいのは、無理に性格や社会との向き合い方を変える必要はないということです。

内向型には「内向型のやり方」がある。

実は皆さんはまだ知らないだけで、内向型には科学的に「すばらしい才能」が秘められています。内向型は「選ばれた才能の持ち主」なのです。

「2人に1人」が内向型

さて、ここで質問です。

内向型の人は世の中にどれくらいの割合でいると思いますか?

おそらく、「1割か2割くらい」と皆さん考えたのではないでしょうか。
しかし、実は最近の研究では「2人に1人」ともいわれています。
「そんなにいるの?」と思われたかもしれませんが、考えてみてください。

皆さんも無理して社交的にふるまったりしていませんか?
周囲にも、社会に出たらやたらと外向的になった人がいませんか?

そうした「隠れ内向型」も含めると、内向型の割合は50%に達するともいわれているのです。

内向型で悩んでいる人は、私や皆さんばかりではないのです。
皆さんの会社や取引先にも内向型の人はいくらでもいます。本来は内向型なのに、外向型を演じることで人知れず苦しんでいる人も少なくありません。

例えば私の患者さんに日本を代表する超大企業の方がいます。彼も内向型です。

その方は実績が認められ、事業部門のトップとしてアメリカに派遣されてきました。経歴はピカピカのエリートですが、アメリカに来て以降、精神的につらくなって私が所属するクリニックを訪れてきました。

彼は責任感が非常に強いタイプです。口数は少なく、群れることを嫌いますが、思慮深く、成果が出るまで根気強くやり続けることで結果を残してきました。典型的な内向型です。

ただ、日本ではそのスタイルでも良かったのですが、アメリカは文化が違います。自分で抱え込むうちに次第に体調を崩してしまいました。

運が悪いことに彼の上司が非常にアメリカになじんでいる人でした。取引先と話す際にも必ずジョークを交えるなど非常に外向型な人でした。

上司は当然、彼のコミュニケーションの姿勢が気になり、「もっと話さないと。アメリカになじまないと」と助言します。

真面目な彼は、「もっと外向的になろう」と無理な努力をしてしまいました。新しい部署なので仕事に不慣れな上に、環境も変わったことで、結果的に不眠や食欲不振になってしまいました。

クリニックで私との対話を重ねることで彼は少しずつ自信を取り戻していますが、精神科医の立場からすると、こうした内向型の人は皆さんが考えているよりもかなり多くいます。

極端すぎる外向型社会が「隠れた才能」にフタをする

皆さんは、自分が苦しんでいる原因を「内向型だから」と思い込んでいるかもしれません。

ただ、先ほどの例を思い出してください。

果たして、彼が悪かったのでしょうか。

実際、彼は内向型のスタイルを貫き、これまで社内で有数の評価を受けていたわけです。たまたまアメリカに転勤になり、たまたま超外向型の上司のもとで働かなくてはいけなくなったことが彼を苦しめたのです。

そうです。

内向型が苦しんでしまう本当の原因は「内向型だから」ではなく、内向型なのに「無理に外向型を演じようとしてしまう」ことにあるのです。

それも無理はありません。

現代の「外向型がもてはやされる社会」に生きていたら、誰だって「外向型みたくなろう」と思ってしまうのは当然です。

特に1990年代くらいから、モノづくりの時代は終わり、ハードからソフトの時代になっていきました。それとともに、就活ではやたらに「コミュニケーション能力」と言われるようになり、今ではSNSなど自ら積極的に外にアピールするツールが中心になってきています。

一方、内向型にしてみれば生きづらい時代です。

内向型は積極的に自分を知ってもらいたいとは思いません。

自分が自分のことを理解して、幸せであれば良いと考えます。自分を売り込まなければいけない時代では大きなハンデを背負います。

近年、特に苦しんでいる内向型が多いのは、この「極端すぎる外向型社会」が生み出している弊害なのです。

多くの内向型は、かつての私のように、周囲に惑わされて自分を偽り、「外向型のふり」をすることで失敗してしまっています。

一方で、社会を変えるようなケタ外れの成功をしている人の多くが内向型です。ビル・ゲイツやウォーレン・バフェット、マーク・ザッカーバーグ、イーロン・マスクなどは、みんな内向型です。

彼らに共通するのは「自分を否定しないこと」です。決して外向型みたくなろうとはしません。

むしろ、「ありのままの自分」を受け入れ、「内向型らしく」生きている人です。

皆さんは無理に外向型を演じることで悪循環に陥っているだけで、ありのままを受け入れて好循環に入れば、すべては解決されます。

変にこわばっていた肩の荷を下ろすことで、元々持ち合わせているけれど、これまで発揮されなかった内向型の「潜在能力」が引き出されるのです。


ですから本書で、内向型には数多くの「選ばれた才能」が秘められていることを知ってください。

そうして、「内向型ならではのやり方」に立ち戻ることで、内向型の「潜在能力」を存分に覚醒させてほしい。この本には、そんな願いが込められているのです。


皆さんはひとりひとり素晴らしい感性を持っています。

ただ、外向型社会の空気に流され、自分を信じられなくなっているだけです。

もう、自分を偽る必要はありません。

「自分らしさ」「内向型らしさ」を失わないことが、この社会を生き抜く解になるはずです。

目次
精神科医が教える
「静かな人」のすごい力

第1章

冷静さ

「静かな存在感」で人を魅了する

第2章

思慮深さ

「一目置かれる
静かな人」になる

第3章

洞察力

静かに瞬時に「本質を見抜く」

第4章

客観力

芯のある「静かな生き方」が信頼を生む

第5章

独創性

静かな人の脳裏に溢れる「豊かなアイデア」

第6章 集中力

外見の静かさと相反する「内面のパワー」

第7章 傾聴力

静かに聞いて、「静かな影響力」を発揮する

第8章

共感力

「静かな気くばり」で、人の気持ちに寄り添う

序　章

なぜ「静かな人」こそ最強の生存戦略なのか？

ステラワークスが「世界的ブランド」になれた理由

上海発の家具ブランド・ステラワークス社は、ブランドを育てるのに10年はかかるといわれる家具の世界で、２０１１年にブランドが立ち上がってからわずか1年で世界30カ国に販売し、その後も快進撃を続けてきました。

そんな世界的企業の創業者でありＣＥＯの堀雄一朗氏に初めて会ったとき、驚いたのは、彼が表面上は外向型のように見えながら、実際は非常に内向的な人だったことでした。

仕事柄、彼は多くの人に会いますが、実は1人の時間をとても大切にしている人です。

絵が好きな経営者は多いのですが、彼の絵画好きは他の経営者と一線を画します。彼は自宅にたくさんの絵を飾っています。ただ、その飾る絵のほとんどが自分で描いた絵なのです。彼とともに絵を描くひと時を過ごしてわかりましたが、忙しい中ひとりで黙々と絵を描くのが彼にとっては貴重な時間なのです。

走るのも好きで、朝4時に起きて数時間走ることも珍しくありません。彼と食事に行くときも、みんなが「タクシーで移動しよう」となっても、彼は店まで走っていきます。

走っている時間は1人の時間ですからね。

誰にも邪魔されない時間を生活にうまく取り入れることがビジネスで活躍できる土

台になっているのです。

堀氏は内向的な気質を持ったリーダーです。それは彼のプロフィールが如実に物語っています。

彼は内向型の特性でもある**「外からの意見に流されない」「本質を見抜く」**を活かして、キャリアを切り開いてきたのです。

大学を卒業後、彼は商社に入社しました。そして、たまたま赴任したのが中国の上海でした。

4年間不動産開発に携わり、本社への帰任辞令が出ますが、高度経済成長を遂げていた上海に魅力を感じていたため、現地に残って仕事をしたいと退社します。そして家具の世界に単身飛び込んだのです。

「中国製は品質が悪い」

周囲はそう言って、猛反対しました。
しかし、堀氏は周りの意見に安易に流されず、「物事の本質」にこだわります。

「中国には、10歳ごろから木工を始めた高い技術を持つ若いワーカーが多い。経験豊富な彼らは日本の同年代よりも明らかに技術で勝っている。メイド・イン・チャイナのイメージが悪いのは、働く人より経営者に問題がある。職人は経験が豊富でレベルはむしろ高い。この技術を活かすべきだ」

誰もが見落としていた本質に唯一気づき、中国発の家具ブランドにこだわりました。
そして、試行錯誤を重ね、職人がノウハウを伝承する仕組みを社内に取り入れて、高い技術を実現し、「中国家具＝粗悪」のイメージの払しょくに成功します。

常識にとらわれずに状況を冷静に分析して、自分の声に従う。
成功するまでトライアンドエラーを続ける。
まさに内向型の特徴が活きた事例といえるでしょう。

「内向的なリーダー」はチームの効率を30%上げる

堀氏のステラワークスの例を聞いても、「それはたまたまの成功例では?」と思われる方もいるでしょう。

起業家に限らずビジネスのリーダーになる人は外向型のイメージが強いかもしれません。確かに、ガツガツものを言ったり、自分の主張を相手に押し付けたりしている人が成功しそうな印象を抱きがちです。

ただ、これは典型的な「誤ったリーダー像」です。

リーダーは内向型が向いているという指摘は以前からあり、内向型こそがビジネスリーダーとして活躍できると示した科学的根拠もあります。

アダム・グラント、フランチェスカ・ジーノ、デビッド・A・ホフマンが2010年に発表した「The Hidden Advantages of Quiet Bosses」と題された論文があります。タイトルを和訳すると「静かな上司の隠された利点」となることからもわかるように、外向的なリーダーが常に最も効果的であるという仮説に疑問を投げかけた内容になっています。

著者たちは外向的なリーダーの強みを認めながらも、彼らが状況によっては全く機能しないのではと考えました。

具体的には、「ダイナミックで予測不可能な環境」だったり、「従業員が積極的にビジネスを改善するためのアイデアを提案したりする状況」では内向的なリーダーが外向的なリーダーよりもリーダーにふさわしいのではと考え、実験して検証しました。

実験では163人の大学生にグループに分かれて作業してもらい、10分間に何枚のTシャツをたたむことができるかを確認しました。

各グループにはリーダーと4人のメンバーがいて、そのうち2人はメンバーを装った研究助手でした。調査側が用意したサクラですね。

これにより、リーダーのスタイル（内向的か外向的か）とメンバーの行動（積極的か非積極的か）の相互作用を調査しました。

結果としては積極的なメンバーを持つグループは、内向的なリーダーの指導の下で、外向型のリーダーに指導されるよりも優れたパフォーマンスを発揮しました。内向型が指導するグループは平均でTシャツを28％多くたたみました。

論文ではこの結果を、「内向的なリーダーはメンバーの意見に注意深く耳を傾け、従業員に価値を感じさせ、一生懸命働くように動機付けたから」と指摘しています。対照的に外向的なリーダーは積極的な従業員と対立してしまいました。

内向的なリーダーが指導すると約3割も生産性が上がるというのは、かなり驚きの結果です。著者たちも新鮮な視点と指摘しています。

というのも、アメリカでは今なお、リーダーは外向的でなければいけないという偏見が強いからです。

この論文では、2006年の調査で企業の上級幹部の65％が「内向性をリーダーシップの障壁と見なしている」と記述しています。

著者たちが積極的な従業員と外向的なリーダーの組み合わせが必ずしも成功のレシピではないことを明らかにしたことは、これからのリーダー像を変えるはずです。

控えめな内向型のリーダーは、積極的な従業員から最大の成果を得ることができる可能性があるのです。

この実験はリーダーとメンバーの組み合わせを考慮する重要性を強調しています。

私たちはこれまで外向的な人が最高の上司になり、積極的な従業員が最高の労働力を提供すると考えていました。ただ、その組み合わせではお互いが衝突してしまい、チームとしては機能しない可能性が極めて高いのです。

現代にこそ求められる「控えめなリーダー」

そして、この失敗の確率が高まり、露呈しているのが私たちの生きる今の時代です。

世の中全体が過度に外向型になっているからです。

「俺が」「私が」と声が大きい外向型がもてはやされ、外向型の人はより外向的になり、内向的なのに外向的にふるまう人も増えています。

そうなると、結果的に外向型同士でチームが結成される確率も高まり、チーム運営は難しくなります。

私は今、多くの組織のマネジメントがうまく回らなくなっている一因はこの外向型同士の組み合わせが影響しているように思えてなりません。


相手の話を一歩引いて聞いて、調整する。

それを自然とできる内向型の役割はこれから増す一方です。皮肉なことに社会が外向型を求めすぎた結果、貴重な存在となった内向型が今、求められているのです。


皆さんはありのままでいればいいのです。

外向型に転じずに自分が内向型であることを受け止めて、突き詰め、磨きをかけましょう。それがこの世界で、生き残る近道になります。

世界の「ギフテッド」の70%が内向型

生まれつき突出した知的能力や芸術的な才能を持っている人を「ギフテッド」と呼ぶのは皆さんもご存じでしょう。アインシュタインやビル・ゲイツも「ギフテッド」といわれています。

米国で公表されているギフテッドの子どもの割合は、公立学校で約6%です。私立校を入れるともう少し高くなるはずです。そして彼らの特徴のひとつとして、内向型であることが挙げられます。

私の息子もアメリカでギフテッドのクラスに入っています。息子はひとりっ子ということもあり、ひとり遊びが大好きで、私と同じく内向型ですね。

これは私の印象ではありません。レスリー・ソードの『Gifted and Creative Services Australia』にはギフテッドの割合に言及があります。

彼は「外向型人間は内向型人間よりも発言力があります」としながらも「内向的な人は社会では少数派ですが、才能ある人の大多数を占めています」としています。さらに「内向性は知能が高くなるにつれて高まるようで、ＩＱ１６０を超える人の75％以上が内向的です」と記しています。

この本には統計的なデータしか記されていませんが、内向的な人が高い知能を誇るのは脳の仕組みからも明らかです。

内向型と外向型、この２つの対照的な性格を示す用語は１９２０年代に精神科医のカール・ユングによって広められました。外向的な人は社会的交流や刺激的な外部環境を好み、内向的な人は静かで孤独な環境を好み、１人でくつろぐ時間を必要とします。こうした違いは以前からわかっていたのですが、20世紀後半になり、内向型と外向型では脳の仕組みが違うことが明らかになりました。

次章以降、内向型と脳の関係については詳しくお伝えしますが、ここでは単なる嗜好の違いではなく生き物としての仕組みに大きな違いがあることを理解してください。遺伝子の問題で内向型は刺激を避け、外向型は刺激を好みます。内向型の人がパーティーなどを避け、外向型の人が社交やスリリングなアウトドアを好むのは遺伝子の違いで説明できます。

また、脳の中に流れる血の量や流れる経路も異なります。内向型の人は脳内に流れる血の量が多く、思考や計画などに関わる部位を流れます。ですから、深く考えたり、目的に向かって自分を律して集中したりする力に長けています。当然、目的を理解してタスクを処理するような能力にも優れていて、知能指数も高い傾向にあります。

内向型に強いこだわりを持つ人が多いのも、そうした思考がもたらすものといえます。知能指数が高く、こだわりが強いギフテッドに内向型が多いのもこうした脳の仕組みから説明できるのです。

これからハーバード医学部は「内向性」を合格条件にする

世の中の流れは少しずつ、しかし確実に内向型に傾いています。

これまでは企業経営者や政治家には外向型がふさわしいと多くの人が信じてきましたが、この常識が覆されつつあります。

実際、大学入試の面接にも変化が起きて、内向型を重視する流れにあります。

従来の入試では内向型のほうがペーパーテストの成績は良い傾向にありました。

これは前節でお伝えしたギフテッドの割合でもわかるように内向型のほうがテストの成績は良い傾向にあります。ですから、ペーパー試験だけで入学試験の合否を判断するならば、内向型の合格比率が高まります。でも、実際は面接試験などを加味した結果として、そうはなっていません。

この実情に関して、興味深い指摘があります。

アメリカの新聞社であるワシントン・ポストのジョナサン・ジマーマンは、内向的な個性はハーバード大学入学のチャンスを減少させる可能性があると指摘しています。これは社会が外向型人材を求め続けてきたことを物語っています。

ジマーマンは、内向的なタイプは一流の学術機関でポジションを確保するチャンスを妨げられているかもしれないことも示唆しています。

バーに行ったり友達と遊んだりする代わりに家にいて映画を見たり本を読んだりする内向型の人は、一流の学歴を持ち、平均以上の知識を持っていても、外向型の人と比べて教室や講義ホールで目立たないからだとしています。

確かに、外向的な人は、自分が話したい人々と話す自信を持ち、学業や卒業後のビジネス界で自分自身のイメージをつくり出すのに長けています。

結果的に大学は、その入り口の時点で社会に出て活躍できる外向型を採る風潮が生まれたというわけです。

ただ、これまで見てきたように外向型人材だけでは社会は成り立ちません。内向型にギフテッドが多いことや、組織運営の上でも内向型の良さが実験などの結果で明らかになっていることが少しずつ知れ渡ってきています。

企業家で教育ブロガーでもあるマルティナ・サンチェスは「内向的な人にも、異なる方法で目立ち、自分の能力を示す能力があります。これらの能力は、地域社会、産業、世界の他の部分にとっても同様に価値があり、ハーバードのような機関はこれを理解すべきです」と指摘しています。

外向型社会の象徴のようなアメリカの一流大学でも内向型を認めざるを得ないうねりが確実に生まれています。それは、ハーバード大の医学部のような超難関大学の超難関学部でも例外ではなくなる日がすぐそこまで来ているといっても言い過ぎではありません。

「内向型のＤＮＡ」が人類を進化させてきた

外向型だけでは組織は成立しないことは、人類の約２００万年の歴史からも裏付けられます。これほどの長い間にわたって人類が存続し、繁栄してきたのは、外向型ではなく内向型が人類を支えてきたからなのです。

当たり前ですが、人間も生き物です。弱肉強食の世界を生き残らなければなりません。ですから、私たちは時に利己的になります。学校や職場で自己主張が非常に強い人は皆さんの周りにもいるはずです。

ただ、人類の歴史は教えてくれます。

利己的なふるまいをしていては生き残れなかったのです。

21世紀の今、日本はもちろん、食べるのに困らない国が大半です。ただ、人類史を俯瞰すれば、それは200万年の中でも最近100年くらいの現象です。食糧が安定的に供給されなかった時代があまりにも長く続きました。

利益を一時的にも最大化するには利己的にふるまうことが合理的ですが、それだと種は存続できません。利己的な人ばかりでは潰し合うことになります。

例えば、狩りに出て、二人で協力して獲物を狩れたのに、独り占めしようとしたら争いが起きます。もしお互いが譲り合わなかったら殺し合いになりますね。

ですから、私たちは旧石器時代から食糧を集団で分け合ってきました。分け合うメリットもあります。もし、自分が獲物を狩れなくても、安定的に食糧が供給されます。飢え死にしません。

つまり、はるか昔から、人の意見を聞き、思慮深く全体を考えて調整する役割の人間が存在したのです。そして、以上のようなグループを束ねる資質を考えれば、リーダーは内向型だった可能性が極めて高いはずです。少なくとも、自分の利益を最大限に追求する外向型リーダーばかりではなかったのは明らかでしょう。

内向型のリーダーの知恵のおかげで今の私たちが存在していることは間違いありません。内向型の人間がいたからこそ、私たちは存続し、進化してきたのです。

また、進化生物学者のデイヴィッド・スローン・ウィルソンは、人間を含めた生き物の大半の種において、種全体の20％は外部からの刺激に対する反応が極めて慎重であり、そうした個体が進化にとって大きな意味を持っているのではと指摘しています。すぐに反応せず、注意深く周りを観察して動くことで捕食されずに、身を守り、進化してきたのではないかと推測しています。

これは私たちの今の暮らしに当てはめても納得できる仮説です。

会社でも危機につながりそうなアクシデントが起きた場合、誰もが勢いよく反応してしまったら致命傷を負いかねません。

例えば、自社の製品の不具合が相次いで問題になったとしましょう。社内調査の結果、自社の品質に過失はなかったとします。

ただ、だからといって、記者会見などで「うちの製品に問題はない」と反射的に反応してしまったら、批判を浴びるでしょう。

状況を観察して、分析して、行動する人がいることで危機を回避する可能性が高まります。

自社の品質に問題がなかったのに、なぜ不具合が起きたのか。もしかするとユーザーがこちらの意図していない使い方をしたのではないか、想定していない条件下での使われ方があったのではないかなどと観察し、分析した上での発言が求められます。
こうした過剰に反応しない内向型の人が、組織の円滑な運営には欠かせません。

「人の意見」に耳を傾け、「他者の能力」を引き出す

外向型が衝突して、対立してしまうのは多くの論文で示されています。

そのひとつに、Tシャツの実験を実施したのと同じ研究者たち（アダム・グラント、フランチェスカ・ジーノ、デビッド・A・ホフマン）がアメリカの宅配ピザチェーン57店を対象に実施した調査があります。3人は「外向的な上司は積極的な従業員と衝突する」と仮説を立て、実験しました。

最初に各店舗の上司に自分の外向性を、主張の強さ、饒舌さ、大胆さ、活力の観点から評価してもらいました。

一方で、各店舗当たり平均6～7人の従業員にはアンケートに協力してもらい、チ

ームとして改善の提案、店舗の戦略、より良い業務プロセスの構築などにどれくらい関与しているかを答えてもらいました。

その後、7週間にわたり各店舗の利益を調査した結果、従業員が非積極的で上司が外向的な店舗では、内向的な上司の場合よりも利益が16％高くなりました。ところが、従業員が積極的で上司が外向的な店舗では内向型の上司の場合よりも利益が14％低くなったのです。予想通り、外向的な上司と積極的な部下、つまり外向型同士は組み合わせとしては極めて不利であるという結果が導き出されました。

外向型がぶつかりがちなのはマズローの欲求5段階説でも説明できます。

私たち人間は根源的な欲求が満たされると、さらに高い欲求を満たそうとする性質が備わっているとされています。食欲や睡眠欲など生きていくための欲求（第一欲求）が満たされれば、身の安全など安心感を持って生きていきたい（第二欲求）と考えるようになります。

安心感を持って生きられれば、人と関わりたいと思うようになります（第三欲求）。群れたいと考えるのです。

群れて所属感を得られると、そこで認められたい、承認されたい気持ちが湧いてきます。褒められたい、好かれたい、尊敬されたい、出世したい、すべてはこの承認欲求によるものです。

当然、承認欲求を多くの人が抱けば衝突します。

人間には、群れなければできないこともたくさんあります。群れることはある意味、必然です。ただ、群れることで承認欲求を強く抱く者が増えれば、メンバー同士でぶつかり合います。学校も会社もすべてこの承認欲求によるぶつかり合いがさまざまなトラブルを起こしています。

強い自信とカリスマ性と社交性だけでは組織は回りません。これをうまく束ねるのが内向型です。人の意見に注意深く耳を傾け、提案を受け入れ、他者の能力を引き出せる内向型がいることで組織も社会も成立しています。

人間の不変の欲求に折り合いをつけ、人類を進化させてきたのは内向型のＤＮＡなのです。

「芯のある生き方」が現代に活かされる

最近注目されているコミュニケーション手法に「アサーティブネス」があります。

アサーティブネスは1970年代、アメリカの女性解放運動の中で生まれました。人種や性別、年齢など立場の違いを乗り越え、互いに理解し合うことを目指したものです。

直訳すると「自己主張すること」という意味ですが、一方的に自分を押しつけるのではなく、「相手を尊重しながら責任ある主張や交渉を行うコミュニケーション方法」として注目されています。

ポイントは「相手のことを思いながらも、自分の主張を伝えること」です。そのためには他人を観察する以上に自分を知らなければいけません。自分が何を求めているのか、何をしたら幸せなのかがわからなければアサーティブなふるまいはできません。

つまり、アサーティブネスはテクニック論で語られがちですが、本質は「自分らしさ」にあります。いくらアサーティブにふるまおうとしたところで、「自分らしさ」がなければ、相手に自分は伝わりません。「自分らしさ」を突き詰めることこそ、このコミュニケーションの目指すべきところであり、自分の内面に興味がある内向型は生まれながらにしてアサーティブネスを発揮しやすいといえるでしょう。

もうすぐ「静かな人の時代」がやってくる

アサーティブネスが注目されるようになった背景には時代の変化があります。「人々が何を求めるか」が変わったのです。

アメリカの心理学者であるアブラハム・マズローの欲求段階説は5段階から構成されるのは前節でもお伝えしました。食事や睡眠など「生理的欲求」、敵や外部環境から身を守る「安全への欲求」、心理的安心のための「所属や愛への欲求」、周りから認められたいという「承認への欲求」、そして最後の第5段階が「自己実現の欲求」です。下位の欲求を満たすことでその上の欲求が次々と出現し、最終的には「自己実現」という欲求にたどり着くというのがこの理論です。

これは日本の消費者の行動を考えるとわかりやすいかもしれません。

戦後、モノのない時代は生きるための欲求が優先されました。その後に、周りと同じモノが欲しい時代や一段上のモノが欲しい時代が訪れ、高級ブランドが注目されたりしました。

それから格差が取りざたされるSNSが普及し、「承認欲求」が優位な時代になってきました。

今はSNSを通して誰とでもつながっていると感じられる反面、強い疎外感も感じているように思えるのです。

SNSというものがあるから人は余計に他者からの承認を求めて競い、結局は自身の暗部をさらけ出すことのできない他者との間にある強大な壁を知ることで、孤独に陥ってしまうという罠があります。

人間はそういう意味でつくづく勝手だと思います。それまで群れたいと思っていたのに、群れた後には他者より優位に立って認められたいという欲求が出てきてしまう。

でもこの「承認欲求」の壁にぶち当たったとき、人間は「自分の本当にしたいことはなんだろう」と振り返ることができると信じます。

「他者の承認」より「自分が自分自身を承認すること」。そして自分自身と折り合いをつけて他者を気にせず、自分自身の興味を追求すること。これがマズローのいう「自己実現欲求」であり、最終的な欲求段階となってきます。

ＳＮＳの時代の後にはこの欲求が優位となる時代が訪れると私には思えます。そしてそのときは周りとの相対的な関係において、相手からの「承認欲求」を得ることを喜びとする外向型より、自己と対話することにより「自身の内面」をよく知り、他者に流されず「自分の行きたい道」をまっすぐに進む内向型が真価を発揮するときだと信じています。

まさにアサーティブネスが求められているのです。内向型の時代なのです。

なぜアメリカで「アサーティブネス」が重視されるのか？

アサーティブネスの重要性はアメリカで働いていると特に強く感じます。

アメリカでは、アサーティブネスを意識している人が日本に比べると圧倒的に多いです。

例えば、日本では休みを取りたくても上司の目を気にして躊躇《ちゅうちょ》してしまう人が今でも多いでしょう。

アメリカでは自分の都合で休みを取ります。

理由もさまざまで、自分の病気はもちろんですが、家族の病気、犬の病気などでもみな休みますし、誰も違和感を抱きません。

日本ならば「犬が急病なので今日休みます」と言われたら違和感を抱く人がいまだに多いのではないでしょうか。

一方アメリカでは、「犬が病気で、自分が病院に連れていくから休みます」と言って、上司に嫌味や文句でも言われたら、「犬は私の家族です。犬を大切にすることは私自身を大切にすることです。あなたは私や私の家族より仕事を大切にしろと言うのですか」と誰もが言い返します。

自分の中で何が大切か、周囲に何を言われようとぶれない芯があるのです。

もちろん、自分の主張を言うだけでなく、相手の主張も受け止めます。自分を知っているからこそ、相手に対しても表面的な理解ではなく、心の底から共感します。

そして、私の周囲を見渡すと、単なる自己主張に終わらずアサーティブネスを発揮している人は内向型の人が多いです。

自己表現を改善することが人間関係を変えることを、私はアメリカに来て学びました。

日本では相手を大切にする「おもてなし」の文化がありますが、「相手と同じくらい自分を大切にして良い」という考え方はアメリカが教えてくれました。

信頼を得るために自分を犠牲にしなくても、自分らしさを大切にしながら、信頼関係は築けます。

アサーティブネスを発揮すると「生意気だ」と誤解されるのが日本社会でした。反面、主張しない人は自己を否定しがちなため、攻撃性のある人の攻撃対象になりやすい傾向にあります。

アサーティブな人は他の人を尊敬する「他尊」と自尊精神をあわせ持ち、一時的な孤独に陥ることを恐れずに行動できます。そして、そのアサーティブな精神性が攻撃性のある人に対する最大の防御になります。

アサーティブネスを発揮できれば、防御を超えて、攻撃的な人間と調和することも可能です。

アサーティブネスは、言い換えれば、自分を大事に思う権利を主張することです。他者を攻撃する権利ではありません。

アサーティブネスを発揮する人が増えれば社会は変わります。内向型の人はその先頭に立って社会を変える資質を持っているのです。

ビル・ゲイツ、バフェットに見る「静かな人のパワー」

マイクロソフト社の創業者ビル・ゲイツはパソコンのOS「Windows」の生みの親で、世界の大富豪ランキングの常連です。

もの静かな性格で読書家としても有名です。そして、自分の信念を曲げません。典型的な内向型で、アメリカでもそれが広く知られています。

彼は毎年11月の終わりごろに「今年読んだ最高の本」を紹介しています。

このリストに載るとたちまちその本はベストセラーになりますが、そのリストを眺めると、彼の好奇心の旺盛さがうかがえます。

例えば2022年に発表した5冊（2022年には今年読んだ本ではなく「人生で最高の本」を5冊紹介しています）はSF小説『異星の客』や、アイルランドの人気ロックバンド「U2」のボーカル「ボノ」がキャリアを語った『ボノの回顧録』、第16代アメリカ大統領エイブラハム・リンカーンの評伝『リンカーン』、プロテニスコーチがスポーツ心理について明らかにした『インナーゲーム』、元素の周期表の謎に迫った『メンデレーエフ元素の謎を解く』の5冊です。

彼の専門であるITどころかビジネスの本もありません。選書だけ眺めていたら、マイクロソフトの創業者が選んだ5冊とは想像できないでしょう。

ただ、こうした「ジャンルを問わずいろいろなものを吸収する探求心」や、それを「分析して自分の血や肉とする力」が彼のビジネスにおけるインスピレーションの源泉になっているのです。

もちろん、誰もが知る製品を世に送り出した彼にも失敗はあります。

彼は自他ともに認める天才で、他人の意見に決して動じず、突進してきました。その姿勢がマイクロソフトを世界一のＩＴ企業に育て上げたのです。ただ、彼自身が「時を戻せるのならば戻って姿勢を改めたい」と語っています。これも内向的らしい意見です。

彼は思慮深くありましたが、「これだ！」と思ったら猪突猛進な仕事の進め方をしてきました。もちろん、全体で見れば成功を収めましたが、小さなつまずきは数知れません。

あるとき、何でつまずいたのかと考えたときに、彼は人の意見をもっと聞くべきだと考え直すに至ったそうです。自分を客観的に分析できるからこそ、内向型だからこそ、過ちに気づけたというべきでしょう。

ビル・ゲイツは世界有数の大富豪ですが、生活は質素です。洋服はブランド品を着飾るわけでもなく、過度な社交は避けます。読書好きであることからもわかるように1人の時間を大切にしています。

何でも買える身分ですが「自分の野心は世界の平和と全人類の健康維持」と語り、ジェンダー平等や疾病の根絶、乳児死亡率の低減にお金を投じています。

2022年には、一度の寄付額としては史上最大級となる200億ドルを寄付しています。自分の幸せを知り尽くしているところも内向型らしいです。

「思いやりがある気質」が成功を呼ぶ

ITの神様がビル・ゲイツでしたら、投資の神様はウォーレン・バフェットです。

「世界長者番付トップ10に30年以上も君臨する大富豪」

「経営する会社（バークシャー・ハサウェイ）の株価を50年で80万％以上も上昇させた天才」

投資に少しでも関心のある人で、ウォーレン・バフェットを知らない人はほとんどいないはずです。彼もアメリカでは内向型の有名人のひとりに数えられています。

私生活は質素極まりなく、1日5、6時間を読書にあて、限られた人にしか会いません。

2000年以降、彼はチャリティー昼食会を開いています。収益金は慈善団体に寄付される仕組みで、2022年は過去最高の約1900万ドルで会食の参加権利が落札されました。それだけ多くの人が会いたがっていますが、彼は避け続けています。

彼の投資のスタイルも内向型そのものです。

彼の有名な言葉があります。

「投資での成功は、ＩＱとは関係ありません。通常の知性があれば、あと必要なのは、投資で他の人に迷惑をかけてしまう衝動をコントロールできる気質なのです」

粘り強く、用心深く。まさに内向型ですね。

このスタイルに行き着いたのは彼の投資のデビュー戦での学びが影響しています。

彼の投資のデビューは11歳のときでした。コツコツ貯めた１２０ドルを元手に、姉と一緒にシティーズ・サービス・プリファードという会社の株を一株38ドルで３株購入します。

父親の薦めで買ったのですが、市場の低迷によって株価は27ドルまで落ち込みます。３株で30ドル以上も目減りしたので、姉に毎日のように責め立てられ、株価が40ドルに回復したときに売却します。

最終的に儲けが出たことで、姉にも褒められますが、バフェットにとっては忘れられない経験となりました。

その後、株価は一株当たり202ドルにまで上昇し、売らずに持ち続けていれば3株で500ドル近い利益を手にすることができた計算になったからです。

彼はこの失敗から教訓を得ます。

大切なのは日々の株価の変動に一喜一憂することではなく、投資する企業をよく知って、信じて待つことだ、と。

そのためには「他人のお金で投資してはいけない」と考え、「他者に迷惑をかけてはいけない」を信条にします。

企業をよく知るには「客観力」や「思慮深さ」が必要ですし、信じて待つには「冷静さ」や「洞察力」が欠かせません。それらを有言実行で実現し続けているところもバフェットが内向型であることを物語っています。

〝ありのまま〟でこそ開花される「眠れる才能」

内向型の人の中には外向型のふりをする「隠れ内向型」がいます。

これが内向型の人の存在を実態よりも少なく映す大きな要因です。隠れ内向型の中には自分を偽りながらうまく社会を渡る人もいますが、やはり無理は続きません。多くの人がどこかで限界を迎えます。

私の患者さんにも外向型のふりをすることで大きな挫折を経験し、その後に自分と向き合うことで豊かな人生を送っている内向型の人がいます。

彼はストックブローカー（株式仲買人）でした。売り手と買い手の間に立って売買の成立を支援し、成約すると仲介手数料を受け取る仕事です。

株式市場は誰もが先を見通せません。100戦100勝は存在しない世界ですが、データを集めて分析すれば、勝率を高められる世界でもあります。

データを集めて分析して、客観的に観察する力を持った内向型には投資の世界は向いていいます。ただ、それはあくまでも自分のお金で投資する場合です。

ストックブローカーは顧客に商品を売らなければいけません。

時にはハッタリをかましてでも売り込みます。皆さんも証券会社の営業から勧誘を受けたことがあるはずです。あれを思い浮かべていただけたら想像がつくかと思います。

確実に儲かる投資商品はありませんから、当然、売り手は商品によっては顧客に損をさせる可能性もあります。

これが共感力の高い内向型の彼には大きなストレスになりました。患者さん本人も「詐欺みたいな世界だった」と当時の仕事を振り返っています。

そうした世界が内向型である彼の心を少しずつ蝕んだのです。才能はあっても性格として合わなかったのです。

彼は共感力や洞察力が非常に高い人ですから、会話をしながら、相手が何を望んでいるかを探ることができました。

そのためにいろいろな工夫を重ねていました。

例えば、話すスピードを相手と同じ速さにして相手に心地よく話してもらうコミュニケーション手法を使っていました。

こうした力によって営業成績もずば抜けていましたが、共感力が高いからこそ、「お客様に損をさせてしまうのでは」という不安から逃れられず、ドラッグ中毒になってしまったのです。

彼は今、リハビリを続けながら新しい職に就いています。

その新しい職とは、コンサルティングです。

人の意見を聞いて、まとめて分析して、助言する。ストックブローカーのときとプロセスは同じですが、押し売りをする必要はありません。内向型である「あるがままの自分」を大切にして、自分らしくふるまうことで仕事が回ります。顧客にも信用されます。

彼自身、非常にやりがいを感じていて、プレッシャーを感じたり、緊張状態に陥ったりすることも少ないのでドラッグに手を出さないでいられると語っています。

静かな人の「8つの潜在能力」

本章では、内向型の事例や内向型がいなければ人類が存続できなかったのではという有力な仮説も提示しました。内向型の能力のすごさに気づかれたのではないでしょうか。

この本ではこれから「内向型の持つ潜在能力」を詳しく見ていきます。

本章ではあえて細分化せずに「内向型の持つ力」「内向型の能力」とお伝えしてきま

したが、私は内向型は潜在的に8つの力を兼ね備えていると考えています。

・冷静さ
・思慮深さ
・洞察力
・客観力
・独創性
・集中力
・傾聴力
・共感力

この8つです。

次章以降、ひとつずつ、取り上げます。

皆さんが「この力を私はうまく発揮できていない」と感じたら、その章から読んでも問題ありません。気になるところから読める構成になっています。

この8つの力を発揮できれば皆さんは必ず、今の状況を打破できるはずです。


本来持ち合わせているのに、皆さんが今までこれらの能力を発揮できなかったのは、これまでお伝えしてきたように、それは社会のゆがみのせいです。

産業構造の変化などもあり、コミュニケーションが過度に重視される社会になり、外向的なふるまいが評価されるようになってしまいました。

これはここ数十年に顕著になった傾向です。

つまり、社会システムがたまたま外向型にものすごくフィットしたに過ぎません。

有史稀に見る外向型社会ですから、内向型が生きづらさを感じ、能力が発揮しづらいのはある意味当然です。


実際、内向型がいかに人類の繁栄に大きな役割を果たしてきたかは皆さんも少しずつ理解できてきたはずです。そして、内向型の資質に気づき、惑わされずに内向型の「自分のありのまま」を大切にした人は、外向型がもてはやされるビジネスの世界でも成功しています。

そして、「SNS疲れ」など過度にコミュニケーションを重視する社会システムの弊害が隠しきれなくなった今、社会そのものも変わりつつあります。社会を抱擁する内向型の役割が、誰の目にも明らかなほどに重視されるようになってきています。

次章以降では「なぜ、内向型がこうした潜在能力を持っているのか」、その必然性を深掘りすると同時に、「内向型がその眠った8つの力を発揮する方法」もお伝えします。

内向型の人ならば誰もが眠った力を発揮できるのです。

第1章

冷静さ

「静かな存在感」で人を魅了する

内向型が、人類の「予測不能な事態」に対処してきた

人類には予測不能な事態がたびたび訪れます。

世界史の教科書を振り返っても、よく人類は存続していたなと思う出来事がいくつも記載されています。氷河期や疫病の流行、戦争、大規模災害……。最近では新型コロナウィルスが人類を脅かしていました。

こうした事態を乗り越えてきた要因が内向型の持つ「冷静さ」によるものだと私は

考えています。

外向型の人間だけでは争いは絶えません。外向型は自己主張が強く、相手を説得させようとするだけでなく、突発的に反応しがちです。予測不能な事態に突発的に反応していては、事態が悪化したり、争いが泥沼化したりしかねません。

この内向型の「冷静沈着さ」によって常に予測不能な事態に対処してきたのが人類の歴史といえるでしょう。

こうした外向型と内向型の違いは印象論に過ぎないのではと感じている人もいるかもしれませんが、内向型が「冷静さ」に長けていることは、実験で証明されています。

これは、内向型と外向型の脳の働きの違いが、どのような行動の違いをもたらすかを明らかにした実験です。

コーネル大学の研究者グループは内向型と外向型の被験者をランダムに2つにグループ分けしました。片方のグループには興奮剤を、もう片方のグループには偽薬を投与しました。

その後、参加者全員はランダムな風景ショットや森林のシーンなどの一連のビデオを視聴しました。3日後に、同じ検査が再度実行されました。

興奮剤を服用した外向的な人々は、興奮剤を使用していない状況でもビデオを見て興奮していました。一方、内向的な人々は、興奮剤を服用したかどうかに関係なく、ビデオの視聴時の状態に変化はありませんでした。内向的な人と外向的な人とでは、興奮の感情の処理方法が決定的に違ったのです。脳の構造の違いにより、内向的な人は興奮を求めず、「冷静さ」を示したのです。

「自分の内面」に注意を向ける

では、この「冷静さ」はどんな脳の構造の違いから来ているのでしょうか。科学的にも内向型と外向型では脳の働きが違うことが明らかになっています。

例えば、デブラ・ジョンソンは、陽電子放射断層撮影法（ＰＥＴ）を用いて内向型と外向型の脳の働きを実験しました。

ジョンソン博士は、アンケートの結果から内向型と外向型にグループ分けされた人々に、横になってリラックスしてもらいました。

被験者たちは少量の放射能を血液中に注入され、脳のどこが最も活性化しているかを特定するためにスキャンにかけられました。画像上には、赤や青などさまざまな明るい色により、脳のどこにどれだけの血液が流れているかが示されました。

その画像からは大きく2つのことがわかりました。

まず、内向型の人の脳に流れる血流量が外向型の人よりも多いことが判明しました。血流量が多いということはそれだけ活発に働いていることを示します。

また、内向型の血液が外向型に比べて、「思考」に携わる部分に流れていることもわかりました。記憶したり、問題を解決したり、計画を立てたりといった内的経験に関わる部位に流れていたのです。

一方、外向型は視覚や聴覚、触覚など感覚情報を処理する脳の各部へと流れていました。

実際、被験者にインタビューすると、外向型の人は研究室で起こっていることに注意を払っていましたが、内向型の人は自分の「内面の考えや感情」に注意を払っていました。

この実験からも、人間が自分の外側に関心を向けるか、内側に向けるかが外向型と内向型で分かれていることがわかります。

実験中も内的世界に関心を寄せる内向型は、自分が知らないような事態に遭遇しても、これまでの経験に思いを巡らせて問題を解決しようとするため、冷静でいられる可能性が高いといえます。

内向型が予測不能な状況下でも落ち着いて対処できるというのは、決してイメージだけの話ではないことがわかったはずです。

現代は不確実性が高い時代といわれています。それはここ数年で皆さんも感じているはずです。

そして、ますます不確実性は増すはずです。内向型の持つ冷静さが求められる時代になったといってもいいでしょう。

全体を落ち着いて見られる

内向型が冷静さを発揮できるのには脳内ホルモンも関係しています。

人間が攻撃的か冷静かはドーパミンが大きく関係しています。

ドーパミンは皆さんもどこかで耳にしたことがあるでしょう。脳内の情報伝達を担う神経伝達物質のひとつです。気分の高揚に関わる物質とされたことで「快楽物質」と呼ばれたこともありましたが、今ではドーパミンは「報酬」があると感じたときに分泌されることがわかっています。

具体的には、ドーパミンは食欲や性欲など満足感をもたらす刺激に脳がさらされるたびに、脳内の分泌量が増加します。すると、もう一度その体験をしたいとドーパミンを欲します。ドーパミンは決して満足しません。ひたすら「もっと！」と言い続け、さらなる刺激を追い求めます。

例えば、私たちがスマートフォンをなかなか手放せないのも、スマホのアプリがドーパミンなどの快楽物質を放出させて簡単にはやめられなくなるように設計されているからです。

内向型、外向型を問わず私たち人間はドーパミンを渇望しています。ただ、内向型と外向型では必要とするドーパミンの量が違います。

ドーパミンの受容体の遺伝子（ＤＲＤ４）には個人差があります。同じＤＲＤ４遺伝子でも、人により遺伝情報が書き込まれた暗号（塩基）の繰り返し部分の長さがやや異なるのです。このため、受容体の形がわずかに違い、神経伝達物質をキャッチする効率に個人差が出てきます。この差がドーパミンを受け取ったときの反応の差としてあらわれます。

外向型はＤＲＤ４遺伝子が長く刺激の許容量が大きいため刺激に鈍感であり、さらなる刺激を求めることに意識が向きます。幸せを感じるためにはドーパミンをより多く必要とします。

一方、内向型はＤＲＤ４遺伝子が短く刺激の許容量が少ないため刺激に敏感で、刺激を抑えようとします。ドーパミンが多すぎると疲れてしまうため、ドーパミンが増えるのを避けるようにあらかじめプログラムされています。

ＤＲＤ４遺伝子研究の興味深い実験があります。アメリカのメリーランド州ベセスダにある国立がん研究所の研究員ディーン・ヘイマーは、バンジージャンプやスカイダイビング、アイスクライミングを好むいくつかの家族を対象に実験しました。

被験者たちには共通項があり、同じことの繰り返しや日常業務を嫌い、斬新なものを好む傾向にありました。

行動は衝動的で、会話では人を説得したがり、報酬を得るためにはリスクを負うのも拒みませんでした。

そして、DRD4遺伝子が総じて長かったのです。ですから、彼らはドーパミンを分泌させるためにも、「もっと、もっと」と欲しがり、スリルを追い求め続けるのです。

また、ヘイマーは新しさや刺激を求めない人も対象に調査しています。被験者はDRD4遺伝子が短く、静かな活動でも十分にドーパミンを得られるため、リスクを背負ってまでスリルを求めないことがわかりました。

内向型と外向型の根本的な違いは〝刺激に対する感度〟であり、それは遺伝子の違いでもあります。つまり、DRD4遺伝子が長いタイプの人とそうでない人では行動が変わるのです。内向的な人がパーティーや大人数での飲み会で疲れやすく、混雑したイベントを避ける傾向にあるのは、遺伝子の刺激の許容度が外向型の人と根本的に違うからなのです。

内向型は外部に新しさを求めるよりも内省的なタイプが多く、突進する前に**全体像を把握した上で集中できる特質**を持っています。刺激を抑える遺伝子を持つ内向型が冷静で気分にむらがなく、信頼がおけるのは、ある意味必然なのです。

「ブレーキを踏める」から成長し続けられる

内向型の「冷静さ」を示す実験はいくつもあります。

心理学者のジョセフ・ニューマンは内向型と外向型の人にボタンを押す実験を実施して両者の違いを明確に示しています。

ニューマンの実験は非常にシンプルです。被験者の目の前のパソコン画面にはひとつずつ順不同に12個の数字が表示されます。

数字があらわれるごとにボタンを押し、押した数字が正解であればポイントが加算され、不正解の場合は減点されます。ボタンを押さなければポイントは変化しません。ポイントを稼げば稼ぐほど現金を手に入れられる仕組みです。

被験者はどの数字が正解で不正解かはわかりません。試行錯誤を重ねるうちにどの数字が正解かを少しずつ理解します。例えば、4のときにボタンを押してポイントを獲得できれば、4が正解だとわかりますし、9を押して減点されれば不正解だと理解できます。

ですから、再度9が表示されたら、合理的に考えればボタンを押さなければいいのです。ところが、9が不正解だとわかっていてもボタンを押してしまう人がいるというのがこの実験の面白いところです。内向型と外向型でボタンをどう押すか反応が分かれるのです。

不正解の数字を押してしまった場合、内向型の人は次の番号に移る前に時間をかけて、何が悪かったのかを考えます。そうすることで正答率を高めていきます。

一方、外向型の人は時間をかけるどころか、正答率に関係なく、むしろボタンを押すペースを速める傾向にあります。外向型は考えることよりも、いかに反応するかに力を注いでしまうのです。好き勝手にやらせておくと、ひたすら速くボタンを押し続け、決して休みません。そのため、どうして間違えたのかをいつまで経っても学習できません。

内向型はアクシデント（不正解）に遭遇すると、一旦ブレーキを踏んで、もしかしたら重要かもしれない事項について考えます。

これは意識してどうにかなる話ではありません。脳の構造として内向型は冷静になるようにプログラミングされているのです。ですから、冷静さを保ち、PDCA〈Plan（計画）、Do（実行）、Check（評価）、Action（改善）〉の4つのプロセスを繰り返し回すことで、仮説の正確性を高められます。当然、ボタンを押すような実験での正答率は高まります。

内向型は冷静であるがゆえに学び続け、成長し続けます。極論を語れば、内向型は学習し、進歩し続けるタイプであり、外向型は学習しないために進歩しないタイプといえるかもしれません。

こっそり他人を観察するように「自分を観察」する

ここまでで、内向型が「冷静さ」を持ち合わせていることが、わかっていただけたでしょう。

では、どうしたら内向型がその「秘めたる冷静さ」を発揮できるのか？

ここからは、そのメソッドについていくつかお伝えします。

皆さんが冷静さを失ってしまうのはどのような状況のときでしょうか。おそらく、感情的になったり、パニックになったりする場合が多いのではないでしょうか。

ではなぜ、感情的になったり、パニックになったりするのでしょうか。

それは皆さんが「気分本位」で動いているからです。

文字通り気分を前提に行動しているから、自分が置かれている立場や相手の発言に右往左往してしまいます。


内向型は本来、「気分本位」で動くことはありません。

これまでもお伝えしてきたように、刺激に対してすぐに反応しないように脳ができていますので、感情に流されることはないからです。

しかし、普段から外向型を演じていると、無理がたたって気分も不安定になります。

これが、内向型が本来類まれなる「冷静さ」を持ち合わせているのに、それを発揮できない理由です。


ですから、内向型らしく、自分の気持ちを一度切り離して「目的本位」で動く習慣を心がけるといいでしょう。

自分が抱いている感情は横に置いて、「今、自分のやるべきことは何か」ということをまず考えて、動くようにします。

これは「森田療法」と呼ばれている精神療法のひとつです。学校や職場で、強い緊張・不安を感じたり、自信をなくしたり……。そんな人たちのために慈恵医大の精神科教授だった森田正馬氏が１９２０年代に始めました。

例えば、皆さんの中には人前で報告したり発表したりするとなると極度に緊張して冷静さを失ってしまう人も多いでしょう。

これは、緊張したかどうか、顔が赤くなったかどうかで、報告が成功したか失敗したかを判断してしまうからです。これは典型的な「気分本位」の状態です。

「目的本位」で考えれば、報告の目的は緊張しないことではありません。内容をわかりやすく伝えることです。緊張しても、顔が真っ赤になっても、少したどたどしい話し方でも、内容が伝わることが最も優先すべき事項です。

ですから、緊張せずに上手に話せるように努力するのではなく、良い内容を聞き手にわかりやすく伝えることに力を注ぎましょう。

気分本位から目的本位に意識を切り替えることで、最初は緊張が強くても、次第に弱くなるはずです。

私も内向型のひとりとして、目的本位に意識を切り替えることで、本来の「冷静さ」を取り戻した経験があります。

すでにお話ししましたが、私は研修医時代に「君は研修医を辞めたほうがいい」と通告されました。

正直、かなりパニックになりました。私は日本では臨床医として働いていましたが、アメリカに渡った当初は研究医として働いていました。そこから再び、臨床の道を目指し、研修医になりました。年齢も重ねていましたし、それなりの覚悟を持っての選択でした。それなのに、突然の通告です。アメリカでの臨床医の道が閉ざされるわけですから、お先真っ暗になるのも無理はありません。

ただ、そこで気持ちが動転している自分を客観的に捉え直しました。

自分の目的はアメリカで医者になることだ、そのためには今、何ができるかと考えるように意識を切り替えました。気分本位ではなく、内向型らしく目的本位を強く意識したのです。

辞めろと一度通告されたことは覆りません。

それは受け入れるしかありません。では、なぜ辞めろと言われたのか。他の人は研修医を続けているのになぜ自分だけ辞めざるを得ないのか。理由ははっきりしないにしても、足りないところがあるから退職を促されたことだけは間違いありません。

辞めないですむ可能性があるとしたら、足りないところを改善するしかありません。ですから、ものすごく落ち込んでいましたが、思い切って、どうすればいいかを上司に尋ねました。「アメリカで医者になる」目的だけを考えるように、意識を集中したのです。そして、課題として指摘された英語力を高めることをプレゼンし、もう1年チャンスをもらうことができ、クビを免れました。

静かな人は「メタ認知」がうまい

気分本位から目的本位に切り替えるには、自分と正面から向き合い「メタ認知」する姿勢が欠かせません。そして、何が足りないのかを合理的に考え、判断するしかありません。

メタ認知は「客観的な自己」や「もう一人の自分」と形容されるように、「今現在の自分の思考や行動そのものを対象化して認識することにより、自分自身の認知行動を把握する能力」のことです。簡単にいえば「自分自身の思考・感情・行動を客観的に認知する能力」です。

具体的には「自分が今、○○をしているとわかっている」「自分が今、こういう気持ちでいることを自覚している」というような感覚です。特定の感情を抱いている自分を、その場で第三者的に見ているわけです。

メタ認知することで初めて自分自身が気分で動いていることがわかります。

例えば、泣きたい状況になっても、メタ認知能力が高ければ、なぜ自分が泣きそうになっているかを冷静に分析できます。実は、「自分は今、泣きそうだ」「自分は今、泣きそうなくらい悲しい」と客観的に認識できた瞬間に、悲しみはすでにかなりトーンダウンしています。

本来、メタ認知は内向型の得意とする技です。

しかし、内向型であることを否定的に捉えていると、この能力にもフタがされてしまいます。


では、自分を客観視するにはどうすればいいのでしょうか。

「壁にとまっているハエ」になったつもりになってください。そのハエの視点から、こっそり他人を観察するように、自分を観察するのです。

また、自分の家族や好きな人、あるいは自分の憧れている人の写真を見て、「この人だったら今の自分に何て言うだろうか」と考えるのもひとつの有効な手法ですし、あなたが誰かと二人で話しているときに、相手が自分をどう見ているのかを考えてみるのも有効です。

それができるようになれば、最終的には、第三者の立場で自分と相手の二人を眺めて、どういうふうに感じるかを想像してみましょう。

自分を段階的に他者化することで冷静さを発揮できるようになるはずです。

「五感」を使って、注意をそらす

内向型の人は元々、「深く考える力」に長けています。

ですが、これが「自分を否定してしまっている」、つまり「無理に外向型を演じてしまっている」状態だと、逆に作用してしまいます。

「自分への否定そのもの」を深く考えてしまうため、イライラやモヤモヤの感情をため込んでしまうのです。

そうした負の感情は雪だるまのように膨らみます。膨らみすぎてしまえば、本来の冷静さを失い、衝動的な行動につながりかねません。

こうした悪循環に陥らず、冷静さを保つには、負の感情から「意識的に注意をそらす」ことが大事です。

そして、「意識的に注意をそらす」方法として、アメリカで生まれた「弁証法的行動療法（ＤＢＴ）」が有効だとわかっています。これは心理療法のひとつで、認知行動療法（ＣＢＴ）をベースに開発されました。

認知行動療法とは、考えや行動を変えることにより、感情や身体反応を変えていこうとする心理療法です。中でも、ＤＢＴは「今の自分」「今の状況」をあるがままに受け入れることを重視する点が特徴です。それらを受容した上で、苦しみを引き起こしている感情・思考・行動パターンを変えるように手助けします。

具体的に注意をそらす方法としては、「五感を使って焦点を移す方法」が有効です。

例えば、あなたが部屋の中でものすごく落ち込んでいたとします。その場合、部屋を見渡して、ふかふかの布団に寝転がったり（触覚）、おいしいものを味わったり（味覚）、目の前のものを観察してみたり（視覚）してみましょう。ネガティブな気持ちの原因を考えずに今現在、身の回りで起きていることに集中します。

五感で今感じていることに意識を集中させて、注意をそらすと、新鮮な気持ちで「今」を感じられるようになります。ネガティブな感情を和らげたいときに非常に効果を感じやすいです。

似た方法として、今の現実から思考を意識的にそらす方法もあります。

これまでに心地よかったり、楽しかったりしたことを思い出す、あるいは自分の将来を思い浮かべて、そこで活躍するヒーローのような自分の姿を想像します。未来や過去を考えることで注意をそらし、感情に振り回されず、自分をコントロールしやすくなります。

注意をそらして冷静になる。自分のイライラしている気持ちを今ではないどこかに置いてくる。難しく思えるかもしれませんが、訓練で誰でも習得できるメソッドです。自分の感覚を使って、思考を切り替えれば感情も切り替わるのです。

特に内向型は本来得意とするものですから、習得は比較的早いでしょう。

冷静さをフルに開花させる「6秒ルール」の魔法

冷静さを損なってしまう感情として、特に影響力があるのが「怒り」の感情です。これも刺激に安易に反応しない内向型とは本来縁遠い感情ですが、普段から「外向型みたくなろう」と思い、自分を否定してしまっていると、ストレスがたまり、内向型であっても引き起こしてしまう感情です。

そんな内向型が冷静さを発揮する方法としては「アンガー（怒りの）マネジメント」

も有効です。

心理学では、怒りは自分を守るための感情ともいわれています。ですから、怒りは必ずしも悪いものというわけではありません。

内向型は外向型からの攻撃を受けやすい面もありますので、その防衛本能として「怒り」の感情を使っている可能性もあります。

また、内向型の多くは傷ついていることが多いので、これ以上傷つかないように、同じく防衛反応として「怒り」を使っている場合もあるでしょう。

しかし、今こそ内向型がこの悪循環から逃れて、本来のすばらしい「冷静さ」を取り戻すときです。

そこでおススメするのが「6秒ルール」です。イラッとしても怒りが湧いても6秒間をやり過ごす方法です。

人間の反射的な反応は自身に対する脅威を察知した扁桃体が、大脳新皮質の冷静な判断を待たないことで起きます。冷静な判断が下るまで約4~6秒程度かかるといわれているので、深呼吸したり、その場を一時離れたりして、やり過ごします。6秒で怒りがなくなるわけではありませんが、少しでも理性的になることはできます。

6秒というと短いようで長いかもしれません。

そうした際には、怒りの感情を「見える化」する習慣を訓練づけましょう。これは「怒りの温度計」、「スケールテクニック」とも呼ばれるテクニックです。怒りを感じたら、温度計を思い浮かべて、今何度くらいの温度で怒っているのか自分で点数化してみます。

例えば、怒りの温度「0」を穏やかな状態、「10」を人生最大の怒りと設定してみます。怒りを感じたら、「今のは過去の怒りに比べれば軽いから1くらい」「今年最も怒ったから5くらい」のような感じで採点します。そうしているうちに6秒が経過し、理性的な対応ができるようになります。

もちろん、最初は比較する怒りの点数がないので、採点するのが難しいでしょう。ですから、比較しやすいように、自分なりに今までの経験の中から怒りの基準点を決めておくのもいいかもしれません。

「タイムアウト」で流れや状況を中断する

皆さんの中には「そんなに瞬間的に冷静になれない」という人もいるかもしれません。こういう場合に有効なのは「タイムアウト」です。一旦、その流れや状況を中断する方法です。

怒りを感じた相手と向かい合っていたり、怒りを覚える状況に身を置いていたりしたら、先ほどお伝えした「6秒ルール」を実行するのは簡単ではないときもあります。

そうした場合は「ちょっとトイレに行ってくる」などと相手に伝え、その場を一旦離れましょう。また戻ってくることを伝えてから離れれば、あなたが怒っているとは相手は思いません。離れた場所で深呼吸や軽いストレッチをして、ある程度冷静になってから戻れば、冷静な対応ができるはずです。

怒りというのは、大半は自分と相手の要求の差による軋轢《あつれき》が原因です。

相手がこうするべき、自分がこうあるべきという希望と現実のギャップの着地点が見えないことが怒りを生みます。

ですから、相手の要求をまずきちんと聞き、自分がどこまで応えることができるかを論理的に話し合う。その合意点を見つける姿勢が冷静さを保つには欠かせません。

この際に重要なのは「役割分担」の概念です。

自分でコントロールできることのみに集中しましょう。アドラー心理学では、相手の言動は相手の課題とされています。

例えば、職場の人間関係です。誰もが何かしら問題を抱えているでしょうが、職場の人間関係こそ、悩んでも解決できない問題が多いのです。

不愛想でまともに挨拶しない部下がいたとしましょう。もちろん、社内のチームワークの結束には大きく関わる問題ですが、この部下にあなたが毎日イライラしたところでどうしようもありません。相手の思考はコントロールできません。制度やルールで変えようとしても限界があります。

また、同じように道を歩いていて、犬が突然近づいてきて吠えたり、噛んだりしてもそれもあなたにはどうしようもありません。あなたが犬に怒ったところで、極論を語ればエネルギーの無駄遣いになるだけです。

自分のできること、できないことをきちんと理解することが、内向型が冷静さを発揮する第一歩になります。

第2章

思慮深さ

「一目置かれる
静かな人」になる

『ゴッドファーザー』：静かな統率力を発揮する〝静かな三男〟

「思慮深さ」は脳の構造からも明らかになっている内向型の特徴です。文字通り、**「深い思考」**ができます。

多くの人が「安易な結論」で終わってしまうのに対し、内向型は「他の多くの人が気づいていないこと」に気づけます。

また、みんなが自分勝手に発言しているときに、一歩下がって、その場を観察してから、総合的な意見を頭の中で組み立てる力があるともいえます。内向型の人が議論の場で全体的な意見を踏まえつつ、自分の意見を付け加えられるのも「思慮深さ」によるものです。

そんな内向型の「思慮深さ」は映画の世界でも描かれています。

映画『ゴッドファーザー』はマフィア一家3代の歴史をフランシス・コッポラ監督が描いた大作で、PART3までつくられました。映画好きの間でも人気の作品で、映画監督や映画マニアの選ぶ歴代映画ベスト10などの常連です。アル・パチーノ、ロバート・デ・ニーロ、マーロン・ブランドなど20世紀を代表する俳優が出演しています。

シリーズ1作目は1972年度のアカデミー賞の最多受賞作品でもあります。公開から半世紀たった今なお古びない理由は、組織間の争いや父と息子の関係など、不変のテーマが扱われているからでしょう。

1作目はマフィアのボスであるドン・コルレオーネの三男マイケルが、敵に襲撃された父親の負傷をきっかけに跡を継ぐまでが描かれています。そして、このマイケルこそ内向型の「思慮深さ」を武器にコルレオーネファミリーを全米屈指のマフィアに育て上げるのです。

ドンには3人の息子がいました。

長男ソニーは典型的な外向型の人間です。社交的で冗談好き。勇敢で誰もが彼が父親の跡を継ぐとみていました。ただ、外向型らしく頭に血が上りやすく猪突猛進するのが欠点でした。結局、裏切りのわなにはまって惨殺されてしまいます。

次男フレドは、人はいいが思慮に欠け、敵にも不用心で大事な仕事を任せられません。いい奴だけど頼りない典型的なタイプです。

そして、三男マイケルは内向型の能力を発揮する典型的な人物として描かれています。口数は少ないものの、冷静沈着で頭脳明晰です。父はマイケルを裏社会に入れないつもりで大学教育を受けさせますが、結局ファミリーの危機にマイケルの「思慮深さ」が活きることになります。

劇中では陰謀や血族内の葛藤、愛憎劇が繰り広げられます。人間をハチの巣のようにする銃撃など、血なまぐさい暴力もつきまといます。そうした中でも、マイケルは人を観察して、誰が裏切るのか、誰が自分に忠誠を尽くすのか、深く考えを巡らせ、見定め見抜いていきます。

他の人には至らない深さ

マイケルの「思慮深さ」が組織を救う象徴的なシーンがシリーズ2作目にあります。

1作目でニューヨークを支配したマイケルは家族とネバダ州に移ります。平和な暮らしを送っていましたが、寝室に機関銃が撃ち込まれます。この時点ではマイケルの家族はマイケルがマフィアとは知りません。そうした中で家族が危険に晒されたため、非常に憤慨しますが、その後彼は裏切り者を探し始めます。その過程でゴッドファーザーシリーズの中でも有名なセリフを吐きます。

「友を近くに置け、敵はもっと近くに置け」

この台詞通り、彼は銃撃を計画した黒幕である敵対するマフィアのボス（この人物は父親の旧友でもあります）に近づいて友好関係を築き、そのボスが自分に手を出せないように外堀を埋めます。

マイケルはすべて見抜いていましたが、その敵対するマフィアのボスが襲撃の黒幕だとは全く気づいていないふりをします。そして、ボスに「あなたの手下が私の命を狙ったらしい」と持ちかけ、その手下を処分させるように工作します。

先ほどの「友を近くに置け、敵はもっと近くに置け」の言葉から、マイケルが非常に思慮深いことが見て取れます。

通常であれば、「敵を近くに置く」などとは思いもしませんし、多くの人はむしろ敵と距離を置くことを考えるはずです。

しかし、マイケルはそういった安易な結論を下しません。「敵を近くに置かない」という常識に疑いを持ち、深く考え、誰も気づいていない真理に行き着きます。深く考える力、つまりは思慮深さがあるからこそ、このような深みのある言葉になるのです。

「自身の安全のためには敵やライバルをコントロールできる範囲に置け」

劇中では、思慮深いマイケルの言動に、我々は何度も「ハッと」させられます。

マイケルはシリーズを重ねるごとに冷静沈着ぶりを発揮し、時に肉親をも裏切ります。日本人のサラリーマン社会からするとマフィアのボスのマイケルのふるまいは非情に映るかもしれません。ただ、それはドンとしてファミリーを守るという大義のためです。そこだけはシリーズを通じて全くぶれません。

マフィアのボスとしての大義のために周囲から人がいなくなり寂しさを抱えますが、「自分らしさ」を貫きます。「内向型リーダー」そのものです。

冷酷に見えても考えに考えを重ねた上での行動は、現代においていかに「思慮深さ」を発揮するかを考える上でも参考になるところは大きいはずです。

とある「静かな精神科医」の話

映画の中でなくても、思慮深い内向型はたくさんいます。

私が「思慮深い人」と聞いて思い浮かべるのは、私の昔の上司です。「自分らしさ」を大切にしている人で、人の意見を尊重しながらも、自分の思っていることもしっかりと伝えます。まさに、「アサーティブネス」を体現している内向型です。

常にひとりで論文と向き合っていて、暇さえあれば治療法など新しいアイデアを練っている人でした。典型的な内向型で、病院のスタッフは誰もが彼の「深い思考」を頼りにしていました。

例えば、私の病棟には10年以上入院している人もいます。既存の治療法では効果が見込めず、打つ手がない状況の人も少なくありません。

彼はそうした患者さんにも何かできないかと常に考えていました。既存の薬を投与するだけでなく、昔の薬と新しい薬を組み合わせるなど、通常は試さない方法を考え、患者さんに常に寄り添っていました。

もちろん、やみくもに組み合わせていたわけでなく、患者さんそれぞれの治療履歴や新旧の論文から学んだ幅広い知見を照らし合わせて、創意工夫を重ねていました。

そうした試行錯誤によって彼はさらに自分の思考を深められるようになる「正の思考のスパイラル」を生み出していました。病院では「彼に聞けば何かヒントがもらえるのでは」と治療に行き詰まったスタッフの駆け込み寺になっていました。

職場仲間ではもう1人「思慮深い」同僚がいました。彼女も内向型で、口数は多くなく、同僚や患者さんに対しても過剰にフレンドリーに接するタイプではありません。

あるとき、彼女と職場から駅に向かうバスに乗り合わせました。

私たちの職場はマンハッタン島にあります。

職場からは最寄りの駅までバスが出ています。交通手段はそれだけなので、駅のバス停留場には生活に困窮している人が医療関係者を相手に物乞いをしています。中には私たちの病院の元患者さんもいます。

物乞いをされて、急いでいて追い払いたいからお金を払う人もいます。ただ、彼女は「お金をくれ」という人に「どうしてお金が欲しいの」と問い返しました。しばらく見ていると「ハンバーガーを買いに一緒にマクドナルドに行くわ」とその場を後にしてしまいました。

後日、彼女に「何でマクドナルドに行ったの？　お金をあげれば良かったじゃない」と聞いたら、「お金を渡したら、食べ物を買わないでドラッグを買ってしまうでしょ」と返答されました。なるほどと驚きましたね。

物乞いをしている人を見て「かわいそう」と感じたら、お金を渡せばいいと感じる人が大半でしょう。

確かに、本人は満足するでしょう。でも、それは本人のためにはならない可能性もあるわけです。特に彼女は精神科医の医者ですので、ドラッグ中毒の患者さんも数多く診察してきました。ドラッグ中毒の患者さんはご飯を食べなくてもドラッグを求めます。正常な判断ができないから中毒なのです。

ですから、彼女は「かわいそうだからお金をあげる」行為をもう一段掘り下げて、「相手にとって何がベストか」まで思いを巡らし、行動したのです。

このように、内向型は安易な結論を下すことはせず、人よりも一つも二つも深いところまで考えを巡らせます。ですから、周りを「ハッと」させるような深い意見を言います。

「かわいそう」と同情するだけでしたら、それはやさしさに過ぎません。内向的で思慮深い彼女ですから、その状況で何が最適な行動かを判断できたのです。

脳が「深く考える」ようにできている

内向型の「思慮深さ」は脳の構造から説明できます。

内向型の脳のほうが外向型に比べて「深く思考できる仕組み」になっているのです。

脳は「大脳」「小脳」「脳幹」の3つに大きく分かれています。3つの中でも最も大きいのが大脳で全体の重さの約80％を占めます。

大脳はさらに4つの領域に分かれています。思考を司る「前頭葉」、知覚や触覚を司る「頭頂葉」、視覚を司る「後頭葉」、聴覚や記憶を司る「側頭葉」です。中でも「前頭葉」の大部分を占めるのが「前頭前野」もしくは「前頭前皮質」と呼ばれる場所です。

人間と動物の脳を比べたときに大きく違うのが、この「前頭前野」です。人間の「前頭前野」は大脳の中の約30％を占めていますが、動物の中で最も大きいチンパンジーなどでも7～10％くらいしかありません。

人間にとって重要な働きを担っているため、人間が人間らしくあるために最も必要な存在といえます。

「前頭前野」は考えたり、判断したり、アイデアを出したり、それを応用したりと重要な働きを担います。ビジネスの現場で抽象概念を具体化したり、目的に対して具体的なゴールを設定したり、重大な決断を下したりするのもすべて前頭前野の働きによるものです。

なぜ深く考えられるのか？

この前頭前野の中枢で神経細胞が集まっている場所を「灰白質《かいはくしつ》」と呼びます。いわば脳の活動の根幹です。脳の活動は灰白質が活動し、その情報が他の神経細胞に伝わることで成立します。灰白質が大きければ大きいほど脳がより活発に動いているといえます。

この灰白質の大きさが内向型と外向型では違うのです。内向的な人は外向的な人に比べて灰白質が大きく、厚いことが研究によってわかっています。
また、内向的な人の灰白質は、外向的な人よりも平均して密度が高くなっていることも明らかにされています。

この違いにより、内向的な人が他者と交流するよりも、「抽象的な深い思考」に多く時間を費やすことを裏付けられます。

静かな人の脳は「瞑想する人の脳」と同じ状態

では、灰白質が厚いとは、実際どのような状態なのでしょうか。

灰白質に関しては「ヨガの瞑想の経験者ほど灰白質が大きい」という仮説に基づく興味深い調査もあります。

そして、この実験で研究者たちは、「瞑想の長期実践が全体的な灰白質の体積の増加と、思考力に関連するいくつかの脳領域の領域拡大に関連していることを示しています」と結論付けています。

瞑想実践者は灰白質が厚く、それにより思考力が高まっている。

シリコンバレーのエリートたちが実践するなど、近年、瞑想がパフォーマンスアップにつながることがわかってきていますが、それは瞑想がこのように灰白質に影響するからこそなのです。

そして、元々、灰白質が厚い内向型は、いわば瞑想実践者と同じ脳の状態です。

内向型は、それくらいの「深い思考力」を秘めているのです。

「思慮深さ」を活かす1日5分 〝自分を知るノート〟

さて、ここまでで「内向型には科学的に、『思慮深さ』が秘められている」ことがわかっていただけたところで、ここでは「内向型がさらに『思慮深さ』を発揮するメソッド」をお伝えしたいと思います。

「思慮深い人」と聞いて皆さんはどのような人をイメージしますか？

「思慮深い人」は、安易な結論を言いません。多くの人が常識を疑うこともなく、誰にでも言える浅い意見を言うのに対して、「思慮深い人」は他の人が気づかないような意見を言います。他の人は気づいていないオリジナルな意見が言えるからこそ、私たちは「思慮深い人」が言う意見に「ハッと」させられます。

「この人、深く考えているんだなぁ」

そう思わせる人こそが、「思慮深い人」でしょう。

では、「思慮深い人」はなぜ、「自分なりの意見」が言えるのか。それは実は「自分をよく知っている」からです。

「自分はどう思うのか？」

あらゆることに対して、「自分の頭の中にある無意識の声」に耳を傾けているからこそ、「自分なりの深い意見」が言えるのです。

つまり「思慮深い人」とは、「自分を知っている人」に他なりません。

内向型は、元々「自分の内面」に興味のある人です。「自分を知る」ということに長けていて、だからこそ、「思慮深さ」を持ち合わせています。

そんな内向型の「思慮深さ」をさらに活かすために、皆さんにおススメしたいメソッドは「喜怒哀楽」をノートに書くことです。あらゆることに対して、「自分はどう思うのか」「自分はどう感じたか」をきちんと言葉にしておくトレーニングです。

まず、皆さんの感情が揺り起こされた出来事を具体的にノートに書きます。

そして、どう感じ、どう反応したのか、なぜそのように心が揺れ動いたかを自分なりに考えて記します。

「今日の同僚の発言に対して、なぜ自分は嫌な気持ちになったのか？」

「あの人の企画を、自分はどう思ったか？」
「なぜ、駅のあのポスターを魅力的だと思ったのか？」

こうして、あらゆることに対して、「自分の頭の中にある無意識の言葉」に注意を向け、言葉にしていきます。

それが仮にネガティブな内容であっても、素直に吐き出します。

この世の中にあなた以外に、あなたという人生を生きてきた人はいません。

ですから、「自分の頭の中にある無意識の言葉」には、必ず「あなただけのオリジナルな意見」が含まれています。

この微細で、意識しないと気が付かない「自分の頭の中にある無意識の言葉」を普段から言葉にしておきましょう。

特に内向型は「自分の内面」を見ることに長けていますから、すぐにできるようになるはずです。

第 3 章

洞察力

静かに瞬時に「本質を見抜く」

フランク・ザッパ
――洞察力に優れた「静かなミュージシャン」

「洞察力」は**「本質を見抜く力」**です。
物事の表面的なことにとらわれず、その背景にある本質を見抜く力。
仕事であれば、結果を出すためにどうしたらいいのか？
プライベートであれば、人間関係を良くするためにどうすればいいのか？

その表面だけしか見ないのは、穴の開いたざるに水を注ぎ続けるようなものです。あなたの努力はほとんどが、水の泡となって消えます。

しかし、「物事の成否を決めている根幹となる部分」、つまりは「成功法則」を見抜くことができれば、あとはその法則に従うだけです。

これが「本質」です。「本質」がその物事の成否のほとんどを決めていますから、努力を100%成果に変えることができます。

そんな「本質を見抜く力」、すなわち「洞察力」が高いのが内向型です。これは、内向型に「深く考える力」があるからこそです。内向型の「洞察力」は、第2章の「思慮深さ」によって生み出される副次的な能力ともいえます。

ここでは、まず優れた洞察力を発揮して活躍している内向型を見ていきましょう。

アーティストには内向的な人が多いのですが、中でも音楽史に名を残す「鬼才」として知られるフランク・ザッパは内向性を感じさせる多くの逸話を残しています。

ザッパは１９４０年12月、米メリーランド州ボルチモアに生まれます。１９６６年に自身のバンド「マザーズ・オブ・インヴェンション」名義のアルバム「フリーク・アウト！」でデビューします。元ビートルズのポール・マッカートニーはこのアルバムをヒントに、ビートルズの最高傑作ともいわれる「サージェント・ペパーズ・ロンリー・ハーツ・クラブ・バンド」をつくりました。

ザッパは研究熱心で、生前62作、死後29作の計91作ものアルバムを発表しています。

そんなザッパは、生涯４人の子どもと妻を大切にし、それ以外の交友関係を無理に持とうとはしませんでした。アメリカのミュージシャンと聞くと成金でパーティー大好きな外向型を想像しますが、全く異なります。むしろ、内向型らしい「狭く深く」の人間関係です。

ザッパが熱狂的なファンを持ったのは、ギターのテクニックや超高度な音楽性に加え、「洞察力」に富んだ名言を数々残したためです。どれも「本質」を射抜いた名言として、人々を魅了しました。

「人生で一番大切なことは、他の誰かの人生に干渉しないことだ」

彼は世の中の多くの人が、無自覚なままに人の人生に足を突っ込むことによって、あらゆる衝突が起きていることを見抜いていました。

さらに、彼が枠にとらわれない、高度な音楽性を発揮できたのも、誰かに知識を植え付けられたわけでなく、自分の興味が赴くがままに見たり、聞いたりする姿勢が根底にあったからです。魅力的な音楽をつくるために重要なのは、人の人生に干渉しないことという点に彼は気づいていたのでしょう。

彼は大きなレコード会社に所属せずに、自分でレコードレーベルを立ち上げて活動していました。自主レーベルで成功した最も有名な世界的ミュージシャンでもありました。

「幸せで精神的に健康な子どもを育てたいと思っている人に捧げる一番のアドバイスは、『子どもを教会からできるだけ離しておくこと』だね」

少し過激な発言にも思えるかもしれませんが、これもひとつの本質を見抜いています。要は、「ひとつの考えに偏ってはいけない」ということです。

ザッパ自身は敬虔《けいけん》なクリスチャンの家で育ちましたが、教会は人生に対する先入観を植え付けるもので好ましくないと考えました。モラルは心の中に宿っていて、人から教えられるものでも強要されるものでもない、と常識を常に疑い、本質を見抜こうとする姿勢がうかがえます。

この本質を見抜き、フラットな状態でモノを見ることができたから前衛的な音楽を世に送り出せたのです。

既成概念から外れた発言を恐れず、常に本質と向き合う。これがザッパの持ち味であり、それは彼の内向性によってもたらされたのです。

小さなサインから「本質」を見抜く

私が出会った中で「洞察力」がすごい人を思い浮かべてみると、真っ先に頭に浮かぶのが研修医時代にお世話になった救急医部門のトップの方です。

この方は本当にシャイで当初は私と全くしゃべってくれませんでした。まさに内向型の人でした。

服装も質素で、パーティーに出席している姿は見たことがありません。とにかくひとりを好んでいて、趣味も読書で特にSF小説が好きでした。私も読書好きなのでいろいろおススメの本を教えてもらいました。

彼の「洞察力」に最も驚かされたのはオーバードーズ（薬物の過量摂取）の患者さんへの対応でした。

患者さんは20代の女性で彼氏に振られて衝動的に薬物を大量に摂取した結果、自殺を図って救急室に運ばれてきました。

救急室は、運び込まれてきた患者さんを最長で3日間保護できる仕組みになっていました。

3日間様子を見て、問題がなければ退院させる流れです。彼女は、意識が回復した後は体調も問題ありませんでしたし、食事もよく食べました。テレビを見てスタッフと楽しく会話もしていました。

スタッフたちの間で患者さんの状態が共有されます。「彼女は調子も良さそうだから退院させよう」と話していました。患者さんの家族も病院を訪れて、「退院させてほしい」とお願いされましたが、その内向的な救急医だけは「それはやめてください」と断固拒否しました。

「今、絶対に退院させてはいけない」と珍しく強く主張しました。

当然、他の救急医たちは「彼女は完全に回復したのに……なんでなんだろう」と驚きを隠せませんでした。

後で知らされたのですが、彼だけは気づいていたのです。彼女が薬物を大量摂取したのは家族が誰も家にいない時間だったということを。当然、家族の不在時に自殺を図れば、誰にも発見されません。彼はそこに彼女の自殺への強い意思を感じずにはいられなかったそうです。

また、彼女はスタッフに見つからないように隠していましたが、足の股の大腿動脈に刺し傷がありました。大腿動脈は切ると確実に死んでしまう動脈です。そこにためらい傷があるのを彼は確認していました。

彼女が元気そうに見えたのも、救急室を出るための演技で、自殺する可能性は残っている。
むしろ、彼女と家族との関係やためらい傷の状況からすると極めて危険な状況だ。だから退院はさせられない――。

彼は最後までひとりで強く反対しましたが、結局、家族の強い意向もあり、彼女は退院しました。しかしその後、彼の懸念通りの事態が起きました。

彼女は飛び降り自殺を図り、再び病院に運び込まれました。ビルの5階から飛び降りたのです。

一般的に建物の5階より上から飛び降りると死ぬ確率は格段に高くなるといわれています。

実際、運よく植え込みに落下して一命はとりとめましたが、重傷でした。彼女はやはり本気で死ぬ気だったのです。

この一件で誰もが彼の「洞察力」に驚かされました。ひとつひとつの状況だけ見ていては決して自殺を再び図るとは考えにくい状況でした。彼は彼女の出すいくつものサインを組み合わせて、彼女の行動を予測できたのです。

彼女の自殺を図ったタイミング、健康かのようにふるまう異常な饒舌さ、ためらい傷、家族がお見舞いに来たときの表情……。

他の人が見逃すような小さなサインも観察し、それを材料にして物事の本質を見抜く。

内向型の「洞察力」には目を見張るものがあります。

脳が「多角的に分析できる」ようにできている

内向的な人が「洞察力」を持ち合わせているのは脳の神経伝達物質に注目してもわかります。

神経伝達物質は例えば、ドーパミンやセロトニン、アドレナリンなどです。現在わかっているだけでも60種類以上あります。これらが細胞から細胞へ指示を伝え、脳のあらゆる働きを指揮しています。

外向型と内向型では脳の各中枢を動かしている神経伝達物質が異なります。

先ほどもお話ししたように、外向型を動かす神経伝達物質は主にドーパミンです。ドーパミンは、脳への一種の報酬です。おいしいものを食べたり、気持ちがよくなったりすると瞬時に幸せを感じるのはドーパミンの影響です。当然、もっとおいしいものを食べたり、気持ちよくなったりしたいと感じ、さらなる刺激を求めます。

内向型、外向型を問わずドーパミンは分泌されますが、必要とする量が違います。遺伝子の仕組みで、外向型は刺激に鈍いので、さらなる刺激を求めるためドーパミンを大量に必要とします。内向型は過度な刺激を避けるためドーパミンを大量に必要としません。

では、内向型を動かす神経伝達物質は何か。内向型のエンジンとなっている神経伝達物質がアセチルコリンです。内向型はアセチルコリンを使用して脳の各中枢を動かしています。

アセチルコリンはあまり聞きなれない神経伝達物質かもしれませんが、脳と体の生命維持機能に関わる重要な神経伝達物質です。

分泌されると、内省を促し、リラックスして満足感を得ることができます。本を読んだり、歩いたりするなど、特定の作業に集中することもできます。

内向型が、何か考えたり感じたりしている際に快感が引き起こされるのは、アセチルコリンの影響です。長期記憶を利用する能力にも影響を及ぼします。

ドーパミンは、脳が迅速な反応を実行できるようにします。ですから、外向型は脳が複雑な処理に向いていないので、思ったことをすぐ言葉にする傾向があると考えられます。

アセチルコリンは情報を理解し、深く分析するために役立ちます。内向型が**情報を注意深く多角的に分析できる**のもアセチルコリンの影響です。

これにより、内向型は外向型よりも物事の本質を見抜く洞察力に長けているわけです。

「成功法則を見つける力」が高い

内向型の「洞察力」の高さは脳の情報処理の仕組みからも説明できます。
人間は行動する際に情報をもとに段取りして、実行します。何を情報として位置づけるか、そしてその情報をどう分析して、実行に移すか。この情報処理のプロセスが内向型と外向型では全く異なります。

外向型は情報の細部をあまり認識しないで行動します。細かく、深くというよりは全体の表層だけを眺めて、それを情報として認識します。

そして、段取りでは経験やインスピレーションをもとに行動します。外部から取り入れられた情報が視覚を司る後頭葉に送られ、その後、空間把握や触覚を司る頭頂葉を経由して物事を理解します。

ですから、反応は速いのですが、物事の意図や背景よりも結果をすぐに求めるため、思い付きの行動になりがちです。

一方、内向型は理論やデータを裏付けとして重視します。そして、その次の段取りをする段階になって論理的に思考して行動します。

外部から入ってきた情報が側頭葉に送られ、そこで音として処理されたり（側頭回）、言語として理解されたり（言語野）、過去の記憶を参照したり（海馬）して、理解します。このルートでは順序が重要視されるため、内向型は時系列を整理しながら理解したり、話の筋道を通してまとめたりすることが得意です。

ですから、内向型は起きている現象そのものだけでなく、**現象の背景にある意味や意図も考えます**。

これまでの経緯や自分の体験したことと照らし合わせながら情報を処理するため、物事の共通点を見つけたりデータの法則性に気づいたりすることにも長けています。枝葉から全体を捉えたり、表層ではなく奥深くにある本質を見抜いたりすることができます。

内向型の高い「抽象化する力」

今お伝えした「物事の共通点を見つけたりデータの法則性に気づく力」は、「抽象化する力」といいます。

内向型はこの「抽象化する力」が非常に高いです。逆に言うと、この力が高く、物事の「共通の成功法則」を見つけられるからこそ、「洞察力」が高いといえます。

「抽象化する力」は今、アメリカで「優秀な人」に共通する能力として注目されています。

「抽象化する力」とは具体的にどんな力なのでしょうか。

例えば今、世の中では「レトロブーム」が起こっています。レトロな喫茶店、レトロな遊園地、レトロな雑貨……。

これらの具体例から、どのようなことが読み取れるでしょうか。

「レトロが支持されているのは、どれも『憩いの場』。つまり、人は普段の仕事の疲れから離れ、癒やされたいときにレトロを求めるのではないか」

こんなことが読み取れます。

このように、個別の事例から共通の成功法則を見つけ出す作業が「抽象化」です。この「成功法則を見つける」という点で、特にビジネスの文脈で抽象化の重要性が強く言われています。

先ほどお伝えしたように、脳の情報処理の仕組み的に、内向型の皆さんには抽象化の資質があります。だからこそ、「洞察力」が高い。

内向型は「優秀な人」の最も大事な資質を持ち合わせているのです。

0ベースで考える方法

——洞察の邪魔をするのは「思い込み」

ここまでは、さまざまな科学的根拠から「内向型が『洞察力』に優れている理由」をお話ししてきました。

ここからは、そんな内向型が「本来持ち合わせている『洞察力』をフルに開花させる方法」をお伝えしていきます。

「ゼロベースで考えてほしい」

よく使われる言葉です。

私たちは日常生活で物事を判断する際に思い込みや先入観に大きく左右されます。「世の中ではそういわれているけれども違う気もするな……」と思いながらも、「常識」に引きずられがちです。その結果、間違った選択をしてしまうことも少なくありません。

そして、このような「思い込み」が、物事の「本質」を見えづらくしています。本質とは非常識と紙一重な場合も少なくないのです。

多くの人が当たり前だと思っていることこそ「ゼロベース（＝前提を排除した状態）」で考える。「洞察力」を発揮する方法としても「ゼロベースで考える」は非常に有効です。

具体的には、まず、本当にそうなのかと疑いましょう。

例えば仕事で非効率な業務があったら、なぜ、こういう業務があるのか、なぜ、これをやらなくてはいけないのか、これをやったらどういう意味があるのかと考えます。そして、この業務を効率化するべきなのか、やめるべきなのか、自分は何をやるべきかと思考を重ねていきます。本来、要らない作業でしたら効率化を図ることも無駄になります。掘り下げることで本質に次第に近づいていきます。

この場合、自分が思った通り、素直な疑問や希望、理想的な状態から考えます。重要なのは「こんなことできないだろうし……」「さすがにこれは無理か……」と自分で勝手に理想のハードルを下げないことです。そうした先入観をつくらないためにも過去の経緯や前提、周囲の意見はなるべく聞かないようにしましょう。

今までの前提やルール、不文律（無意識にあった制約）を、意識的になかったことにするという方法も有効です。最初に前提やルール、不文律を書き出します。明文化されていないものも忘れずに書き出します。

例えば、働き方が非効率だと感じたら職場のルールや不文律を書き出します。

「上司が帰るまで帰れない」
「テレワーク制度があるのに誰も利用していない」
「懇親会が週1回ある」

おそらくどこも、こうした職場ならではの謎の決まりがあるはずです。

その後、これらを「なぜ、やっているのか」としつこく考えることを繰り返します。特に意味がないが、「そう決まっている」ことや「昔からやっているから」「そういうものだから」「○○さんが言っていたから」「この会社は・この業界はそうだから」というキーワードが出てきたら、それが無意識に置いている前提やルール、不文律です。本来、守らなくていい、何の必然性もない決まりです。

こうした先入観がなくなれば、合理的な思考が可能になります。「洞察力」のボトルネックになっているものの多くは先入観や何の根拠もないルールです。意識的に排除してゼロベースで考えることで、物事の本質に迫る、深い洞察が可能になります。

「見て、言葉にする」

――洞察力を磨くレッスン

洞察力を磨くのに、皆さんが今すぐにでもできるメソッドがあります。
周囲を見渡して言葉にする方法です。

第2章では、自分の内面を深く見つめることで思慮深さを発揮できるとお伝えしましたが、対象を中ではなく外に向けると世の中で起きている事象の本質を見抜く洞察力をうまく発揮できるようになります。

例えば、電車に乗っていたら、自分の真正面に座っている人がどういう靴を履いて、何色の服を着ているかを頭の中で「ブーツ」「赤のロングコート」のように言葉に置き換えてみます。そして、もし、その服を「いいな」と感じたら、なぜ自分がその服をいいなと思ったかをさらに言語化します。観察して、言語化して、それをさらに深めます。

皆さんがきれいだな、美しいなと感じる瞬間は日々あるはずです。日本の四季折々の自然の中でも一番好きな季節や好きな場所があるでしょう。ただ、どうでしょうか。おそらく多くの人は、なぜ好きなのかについては深く考えたことはないでしょう。

美しい、きれいという感覚を、なんで美しいのか、どこを美しいと思うのか5W1Hの枠組み（「When（いつ）」「Where（どこで）」「Who（だれが）」「What（なにを）」「Why（なぜ）」「How（どのように）」）を使って整理してみましょう。

五感を使って得た感覚を、言葉に換える訓練には、具体性が必要です。例えば、「桜がきれいだ」とは多くの人が言いますが、なぜ？　と聞かれたら意外に整理できていないはずです。

いつごろのどこで見た桜をきれいに感じたのか、なぜ、他の場所ではなくあの場所で見た桜をきれいと感じたのか。

もしかすると、自分が思い込んでいるだけで、自分がきれいと感じた桜は全く違う場所で見た光景だったということも珍しくありません。

こうした訓練を心がけるだけで、日々、何気なく見ていたこともしっかり見えるようになります。突き詰める姿勢が物事の本質に迫る「洞察力」を発揮することになります。

第4章

客観力

芯のある「静かな生き方」が信頼を生む

「ぼくは内向型の人のほうが、信頼できるんだ」

「客観力」は、**自分を客観的に理解する力**。もう少し細かく言うと、「自分の気持ち」を理解する力です。

おそらく、「客観的って他の人や状況を理解する力ではないの？　何で自分自身を掘り下げるの？」と思われた方も多いでしょう。

そう感じた人は「客観力がない人」をイメージしてもらうとわかりやすいかもしれません。

「客観力がない人」ってどんな人ですか？　勝手気ままにふるまうイメージではないでしょうか。なぜ、勝手気ままにふるまうかといえば、それは、

「なぜ今、自分はそう言ったのか？」
「なぜ今、自分はそうしたのか？」

自分の言動ひとつひとつに対して、その背景にある自分の気持ちを正しく理解できていないからです。自分の言動の背景にある気持ちを客観的に理解できていないと、いつまでも同じような言動を繰り返します。

成長がないのです。

人を傷つけたり、迷惑をかけたりする人は、ずっと同じことを繰り返します。

自分自身を正しく理解していないから、自分勝手なことを言ってしまうのです。自分をちゃんと知ることで、初めて相手やその場の状況を深く理解できます。自分の内面に思いを巡らすのに長けた内向型ならではの能力が「客観力」です。

私はアメリカでの研修医時代に、「客観力」に優れた内向型に出会いました。

私の当時の指導役です。

彼は「僕はとてもシャイな人間だから」と言っており、非常に内向的な人でした。病院内でも人気があって、多くの人に話しかけられて、笑顔を絶やしませんでしたが、1人の時間をとても大切にしていました。

ふと気づくとひとりで音楽を聴いていたり、本を読んでいたりしていました。昼食を同僚とともにすることはなく、自分のオフィスでドアを閉めてひとりで食べていました。みんなに話しかけられれば機嫌よく輪に交わりましたが、自ら好んでというタイプではありませんでした。

彼がある日、「ぼくは内向型の人のほうが、信頼できるんだ」と私に言いました。

「外向型には、自分の気持ちに気づいていない人が多い。そういった人がどういう言動をするか、君はわかるか？　自分をやたらと大きく見せようとするんだよ。聞いてもいないのに自分の過去の功績をつらつらと話したり、逆に相手を腐すことで自分が優位に立とうとする」

つまり、そういった人は「自分に自信がないから、自分を上げたり、逆に相手を下げたりすることで、自分の自己肯定感を満たしている」という「自分の気持ち」に気が付いていないのです。だから、他人を利用して自分を満たそうとします。そう彼は教えてくれました。

「でも、内向型の人間は、そんなことはしない。他人を利用している自分のエゴにきちんと気が付くからね」

実際、彼自身、「自分の気持ち」に非常に敏感な人でした。

「なぜ今自分は、自慢話をしてしまったのか」
「なぜ今自分は、人を否定してしまったのか」

その背景にある自分の気持ち、エゴのようなものに気が付いているからこそ、自分を大きく見せることはしません。

でも、かといって自分を下げるようなマイナスなことも言いません。マイナスな言動をする背景の「自分の気持ち」にも、結局は、自分を満たしたいエゴが隠れていると気が付いているからです。

そして、「自分の気持ち」を理解できないと、「他人の気持ち」もわかりません。ですから、彼は「他人の気持ち」も敏感に読み取り、時にはフォローをしてくれたり、時にはあえてそっとしておいてくれたりする優しさの持ち主でした。

彼の助言は私にとっては目からうろこでした。自分自身が今、現在どう感じ、何をしようとしているかに自覚的でいなければいけません。メタ認知が不可欠です。自分を切り離して、状況を把握することが客観力には欠かせません。

彼は常に自分のことを知り尽くし、分析できていました。だからこそ、他者のことも冷静に観察できる内向型の人だったのです。

「アサーティブネス」が高い

内向的な人は「客観力」が高い、つまり「自分の気持ち」を理解できているので、結果的に「アサーティブネス」が高くなります。

アサーティブネスについては序章でも少しお伝えしました。

皆さん覚えていますか？

アサーティブネスは直訳すると「自己主張すること」です。

こう聞くと、攻撃的なイメージを抱かれるかもしれませんが、アサーティブネスを使ったコミュニケーションは一方的に自分を押しつけません。相手を尊重しながら責任ある主張や交渉を行います。そのためには相互理解が不可欠です。

アサーティブネスは人生を豊かにします。

皆さんも、相手から上下関係を付けられたら、不快な気持ちになると思います。ここでいう「上下関係」というのは、肩書や年齢のことではありません。

人間の肩書や年齢が違うのは当たり前です。お互いが気持ちの良い人間関係というのは、肩書や年齢に関係なく、「対等な関係」が築けるということ。

それを実現できるのが「アサーティブネス」です。相手の主張を否定するのでもなく、でも自分の主張もきちんと言う。

そうして築かれた「対等な関係」は、仕事でもプライベートでも人間関係を豊かにします。

アサーティブネスで大事なのは、相手に対する理解だけでなく、自分を大切にすることでしたね。自分を分析して、自分を理解していなければ、自分の意見をしっかり相手には伝えられません。

自分にとって何が心地よいのか、何が好きなのかを認識していなければいけません。そうした認識を持ち合わせることでモノの見方も育まれます。自分を知ることで、自信も生まれます。

自分を知るということは外から自分を見ることですから、「客観力」の高い内向型はアサーティブネスも高くなります。

こうした内省するプロセスは内向型の得意分野です。結果的に内向型がアサーティブネスを持ち合わせる傾向にあります。アサーティブネスの本質はわかりやすく言えば「自分らしさ」でしたね。周囲の人に何を言われようと揺るがない信念です。

アサーティブネスの重要性を再認識したのは、私が上司に言われた言葉でした。

「あなたはナイスな人（いい人）だ。ナイスなことは良いことだけれどもアメリカで生き残るには同時にアサーティブでなくちゃいけないよ」

彼が言うにはアメリカ人はニコニコ笑って社交的にふるまっているけれども、ビジネスの世界で生き残るのは、実は「揺るぎなさ」を持っている人だということでした。外向的な人たちのふるまいに動じない確かさ、つまり「アサーティブネス」を持った人が実は成功している。外向型が周りにいっぱいいるからこそ、自分の信念、揺るがない信念を大切にしなさい。そして、内向型であるあなたはそれができる人だと励まされました。

彼はずっと私を気にかけてくれていました。同僚に強く言われてもニコニコしているだけで特に意見を言わない姿を見ていて、助言をくれたのです。

私自身、日本にいたころは「自分らしさ」は大事にして生きてきました。ただ、言葉も習慣も違うアメリカに来て、自信をすっかりなくして、新しい環境に適応しようとするあまり、「自分だけの確からしさ」をいつのまにか失っていました。外向的なふるまいをしても、うまくいかず、日々苦しんでいました。

アサーティブネスは最大の防御でもあり、攻撃にもなります。外向型の人は身に危険を感じると防御しようと衝動的に攻撃を仕掛けます。一方、内向型の人はアサーティブネスを持っているので、攻撃を受けてから、状況を把握分析し、反撃に出ます。防御しているように見えて、最高の攻撃を繰り出すことができます。

私は自分が持っていたアサーティブネスを意識して、発揮することで、生き馬の目を抜くアメリカ社会で生き残れました。そういっても言い過ぎではないくらいアサーティブネスは皆さんを助けてくれるはずです。

「他人からの信頼」を一身に集める

私が勤める病院（マンハッタン精神医学センター）はニューヨーク州立の病院です。当然、病院の運営には州の意向が大きく働きます。

州は会社でいえば親会社みたいなものです。多くの子会社のサラリーマンが親会社を無視できないのと同じです。

私の歴代の上司を振り返っても、州の目ばかり気にする上司も少なくありませんでした。現場の意向は関係なく、州に対してうまくふるまうことで、自分の評価を上げようとするわけです。

特に先代の上司は人づきあいが良く、州に対してもうまく立ち回っていました。非常に外向的な人でした。

例えば、明らかに退院させたら危険な患者さんがいても州の予算の関係で退院させていました。

現場からしてみれば「そんな杓子定規にやらなくても……」というくらい州の意向や規則を徹底する人でもありました。

当然、部下と激しく対立します。

多くのスタッフから「州の意向ばかり気にしすぎて、自分がない」と批判されていました。結局、定年間際で更迭されてしまいました。

対照的に今の上司は、州の意見だけでなく私たちスタッフの意見にも耳を深く傾けます。

その上で組織として最適な判断を選択します。

最適な選択と判断した場合はそれが州の意向に沿わなくても貫く「芯の強さ」があります。まさに「アサーティブネス」を持ち合わせた人です。

細かい規則も必要とあれば柔軟に変更してくれました。

例えば、前の上司のときは毎日の出勤簿も細かく管理されていましたが、自己申告制に切り替えてくれました。

少しの遅刻も大目に見てくれるようになり、正当な理由があれば許容してくれました。前の上司のときは交通事情の影響であっても、少しでも遅れれば給料をひかれていたので大きな違いです。

私たちを信頼してくれたので、こちらもそれに応えようとモチベーションが上がりました。私たちがどうしたら仕事がやりやすいかを一番に考えてくれているのがこちらにも伝わりました。

彼女は共感力と傾聴力が非常に高い人でした。一見、社交的ですがそれは後天的なもので、社会活動の中でコミュニケーションスキルを取得してきた内向型です。

というのも、パーティーは必要ならば出席しますが、できるだけ避けます。

スピーチも頼まれれば引き受けますが、ジョークを交えて軽妙に話すことはありません。

ただ、部下にかける言葉は内面から出てきたと相手に感じさせる誠実さがあります。

決して口がうまいタイプではありません。大きな風呂敷も広げません。州の意向だろうと、できないことはできないと言い切ります。

一方で、患者さんのことを常に考え、私たちにも必要なことをしっかり伝えようとする姿勢が誰にも伝わります。現場からすると非常に信頼できる上司です。

私の身近な上司の例ですが、内向型リーダーと外向型リーダーの典型的なふるまいの違いなのでお伝えしました。

結局、その場その場でうまく立ち回ることを考える外向型よりも、何が本質かをじっくり考える内向型が組織の中でも生き残ったわかりやすい例といえるでしょう。

「あなた」という二人称で自分に語り掛ける

ここからは、潜在的に「客観力」を持ち合わせている内向型が、「客観力」をフルに開花させるための方法をお伝えします。

有効な方法としては「二人称で自分に語り掛ける」があります。

自分に対して、「あなたは〜」と第三者の立場から語り掛けるのです。

自分に語り掛ける方法は心理学でも「セルフコンパッション（自己への思いやり）」

として概念化されていますが、この手法を応用します。

自分に語り掛けるのに特に決められた方法はありません。その中でもひとりごとのように語ったり、手紙を書いたりする方法が取り組みやすいでしょう。

方法よりも大事なのは「誰の立場になって語り掛けるか」です。

まず、自分を無条件に受け入れてくれる、思いやりのある人物を想像しましょう。そして、その人になったつもりで自分に語り掛けてみましょう。そのときに、自分はどう感じるでしょうか。第三者の立場から語っていると、「自分の気持ち」が見えやすくなります。

身近な人でも、過去の偉人でも、有名人でも、アニメのキャラクターでも誰でもかまいません。優しくて思いやりのある人物をイメージしましょう。

語りかける内容も問いません。例えばあなたの短所や失敗を具体的に挙げて、それらに対して思いやりのある言葉をかけてみましょう。

あなたに対して優しい人になりきって語り掛けられたら、語り掛ける人物を変えてみましょう。

無条件には受け入れてくれない、ニュートラルな人を想像しましょう。あなたへの哀れみや同情などを完全に排除して、自分に語り掛けます。同じく、そのときに自分がどう感じるか、「自分の気持ち」にフォーカスします。

例えば、資格試験に何回も失敗して落ち込んでいる自分に語り掛けるとしましょう。あなたに対してニュートラルな人と無条件に受け入れてくれる人とでは、かける言葉は変わるはずです。「次回は絶対に大丈夫だよ」のような根拠もなく励ます言葉は出てこないでしょう。「もうちょっと勉強しよう」「苦手な分野を重点的にやろう」のように自分を少し離れた位置から観察した上でのアドバイスを送るはずです。

自分に寄った立場と公平な立場から語り掛けることで、「自分の気持ち」に変化はあるか。その違いを比べることで、客観的に「自分の気持ち」が把握できるようになります。

慣れてきたら、自分に対して批判的な立場の人からも語り掛けてみましょう。そして、そのときにあなたはどう感じるか。多様な立場から「自分の気持ち」を観察することで、客観性はますます磨かれます。

「知的謙虚」でいる

古代ギリシャの哲学者ソクラテスは「正しい行い」や「どう生きるのか」を考える倫理学の始祖といわれています。

彼は紀元前399年、「神々を信仰せず青年たちを堕落させた」と身に覚えのない罪で裁判にかけられました。法廷で陪審員によく生きるとはどういうことか問い続け、弟子のプラトンがその演説をまとめたのが『ソクラテスの弁明』です。

その中に彼の有名な言葉「無知の知」があります。

文字通りの意味は「無知であることを知っていること」です。言い換えると「知らないこと」よりも「知らないことを知らないこと」のほうが罪深いということです。「自分が知らないことを自覚している人」は、自分の正しさを安易に主張せず、また相手の言い分も尊重するからです。

つまり「無知の知」は「自分がいかにわかっていないかを自覚せよ」というメッセージといえるでしょう。そして、「無知の知」の姿勢こそ、内向型が客観力を高められる有効な方法のひとつでもあります。

自分がわかっていないことを自覚するには、自分を知る必要があります。内向型の人は自分を知ることは得意ですから、いわば「無知の知」の姿勢は自然と身についているといえます。

ただ、落とし穴があるので注意してください。

内向型の人は「アサーティブネス（自分らしい確からしさ）」を持っているので、自分の考え方や信念を過信してしまうときがあるからです。揺るがない自分を持つことは非常に重要ですが、自分を「正しいか」と常に観察する冷静さも欠かせません。
ですから、もし、あなたが客観力を発揮できないと感じた場合は「謙虚になる」がひとつの解決策になるはずです。

謙虚さの重要性はソクラテス以外の偉人も強調しています。

哲学者のアウグスティヌスは「己が実力の不十分なるを知るこそ、わが実力の充実なれ」という言葉を残しています。
自分の能力を本当に発揮しようとするならば、その前に、自分の能力が足りない事実を認めよという意味です。知性は無限の可能性を持っているのだけれども、私たちが知り得ていることは、全知全能の神からすれば、大したものではないという教訓でもあります。

こうした謙虚さの必要性は近年、「知的謙虚」という言葉として注目を集めています。「知的謙虚」は自分の知識と能力の限界を正しく把握できている状態です。

「知的謙虚」である人は、自分の不十分さに気づいているため、自らの意見にしがみつきません。

自分の限界を知っているため、先入観にとらわれず、客観的な情報をもとに真実を追求できます。安易に答えを求めないので、深い思考や幅広い知識も身につきますし、事実の見極めもうまくなります。

「知的謙虚」であるには、まず、思い込みを捨てましょう。

例えば、「自分はよく理解している。最新の知見など聞く必要がない」「この分野において社内では自分が最も詳しい」という気持ちを少しでも抱いたら、危険信号です。それはあなたの思い込みの可能性が高いです。

「経験上、絶対に正しい」という確信があっても、あなた自身が誤っている可能性を考えます。そもそも、世の中に絶対はあり得ません。「以前もそうだったから今回もそうだ」とも限りません。

何にでも通用する答えはないのです。前例を踏襲したり、何にでも通用する一般解を求めたりするのは人間の性なのかもしれませんが、非常に危険な考え方です。むしろ答えは常に状況によって変わるくらいの意識が大切です。

「もしかしたら、違う見方があるかも」と疑うのです。この作業の積み重ねが、「知的謙虚さ」を養います。少しでも傲慢になってしまったら、客観力は鈍ります。

「自分の中の他者」と話す

解離性同一性障害という病気をご存じでしょうか。

かつて多重人格障害と呼ばれた神経症で、自分のネガティブな側面を自分の中に押し殺すことで、その抑圧した部分が別人格としてあらわれる病態です。一人の人間に複数の人格が交代であらわれ、顔つきや声色、歩き方まで変わったり、おとなしい人が暴力的になったりします。

精神科医のカール・ユングは自分自身で受け入れにくい側面を「シャドー」という言葉を使って表現しています。シャドーは、「自分自身で否定したり抑圧したりすることで追いやってしまった自我」を意味します。シャドーとなり得る感情としては、劣等感、怒りや恥、わがまま、嫉妬心などが当てはまります。

解離性同一性障害に限らず、誰しも自分の中に嫌な部分を抱えているはずです。これがシャドーなのです。いわば自分の中の「他者」です。この「他者」と向き合うことが客観性を高める訓練になり、自分の弱点の克服にもつながります。

もちろん、「自分の中の他者」と向き合う作業は可能であれば誰もが避けたいはずです。

人間は誰しも、自分のいいところばかり見ていたいはずです。弱点を見ないふりをしている人もいますし、弱点を認識していても、隠そうとしたり、表に出さないようにしたりする人が大半です。そんな面倒くさいことは誰もやりたくないのです。ですから、弱点は弱点のまま放置されがちです。

克服したいと思っても、「そもそも、弱点と向き合うってどうすればいいの？」という人が大半でしょう。

向き合うには、まず、自分自身の嫌な部分、弱い部分を書き出しましょう。次に自分の認めている部分、強みを書き出しましょう。そうすると意外な発見があるはずです。嫌な部分と自分が認めている部分がつながっていたり、表裏一体だったりの関係にあるはずです。

例えば、あなたが自分の優柔不断な性格が嫌だと思っていても、それが柔軟に何事にも対応できる性格として仕事で役立っているかもしれません。

頑固さを短所として指摘されて、自分で気にしていても、その頑固さが目標に向かってひたむきに頑張る努力家の下支えになっているかもしれません。

何も考えないで衝動的に行動してしまう性格は、裏返せば行動力がある性格ともいえます。

自分の嫌な部分や認めている部分が思い浮かばなかったら、他の人に意見を聞いてみましょう。自分で悪いと思っていた点が第三者からは意外にも自分の良い点になっているケースもあるはずです。他者に意見を聞くことは、自分を客観的に観察するのに非常に有効な手段です。

　自分の弱点だと思って、自分がそこに光を当てないといつまでも弱点のままです。ただ、自分のいい部分と悪い部分は別々のものではなく、地続きと考えると自分の中の受け入れられない部分、嫌な部分も受け入れられるようになるでしょう。自分の中の「他者」を認め、向き合うことは、客観力を磨くだけでなく、あなた自身の成長にもつながります。


　村上春樹が敬愛する作家のレイモンド・カーヴァーの名言の中に、「愛、死、夢、望み、成長、自分自身のそして他人の限界と折り合いをつけること」という言葉があります。

　これは彼が人生で何が重要かという問いに答えたときの言葉です。特に自分自身の限界に折り合いをつけることは本当に重要です。

　限界に折り合いをつけるには当然、自分の中の「他者」も理解し、うまく付き合うしかありません。自分自身に過剰な期待をせず、ありのままの自分を見定め、客観力を発揮することで解決される人生の困難は多いはずです。

自分に手紙を送る

客観力を高めるメソッドとして、二人称で自分に語りかけることが有効だとお伝えしました。これに似たトレーニングとして、過去の自分に手紙を書く方法があります。

これはあなたの仲の良い人や批判的な人など第三者の立場ではなく、あくまでも「今の自分」の立場から「昔の自分」に手紙を書くのがポイントです。

過去のある時点の自分を思い浮かべて語り掛けることで、自分を客観視する訓練になります。

思い浮かべる過去の自分はどのような状況でもかまいません。

落ち込んでいる自分、家族と喧嘩をして怒りを発露してしまった自分、仕事で大きなプロジェクトが成功して嬉しい自分、友達と海外旅行に出かけて楽しい自分……その時々の自分を今、振り返って、手紙を書いてみます。

おそらく、当時とは違った感情が浮かび上がってくるはずです。

「あのとき、何であんなに落ち込んでいたのだろう」と考えているうちに、「そんなに落ち込む必要はないよ。大したことないよ」と過去の自分に語り掛けたくなるかもしれません。

また、仕事に成功していて浮かれている過去の自分を思い浮かべて、戒めの言葉を送りたくなる人もいるかもしれません。

喜怒哀楽をあらわにしている過去の自分を振り返り、声をかけることで、自分の行動や考え方のクセを見抜けるようになります。自分をより客観視できるようになれば、同じような状況に遭遇したときに失敗やトラブルを防げます。

必要以上に気分が落ち込んだり、怒って怒鳴ったりするような事態も避けられます。

手紙を宛てる先の自分は大昔である必要はありません。数カ月前でも数週間、数日前でも問題ありません。

手紙の書き方も自由です。

重要なのは多角的に当時の自分を観察することです。

例えば、恋人からLINEの返信がなくて、ものすごく怒って別れてしまった1週間前の自分に手紙を書くとしましょう。

1週間経って冷静になった今、振り返ると、いろいろな問いが浮かんでくるはずです。

返事が来ないから怒ったけれども、恋人はなぜなかなか返信をしてくれなかったのか。相手には返せない理由があったのか。もしかしたら仕事が忙しかったからかもしれないが、忙しくてもＬＩＮＥのひとつも返せないものなのか。

もしかするとＬＩＮＥでもめて別れたのはひとつのきっかけで、それ以前に相手の気分を害するようなことをしていなかったか。そもそも、ＬＩＮＥの返事が遅いことくらいで怒る自分は恋人を信頼していなかったのではないか。相手を信頼していなかったから、相手もまた自分を信頼してくれなかったのではないか。私が相手を信頼していれば怒ることも別れることもなかったのではないか……。


過去の自分に手紙を書くことは自己批判も含めて自分を客観視することになります。何かしらの気づきを私たちにもたらしてくれるはずです。その気づきが正しいかどうかはわかりません。

世の中の議論において、明確な白黒がつくことはほとんどありません。重要なのは自分を知る作業を常に怠らないことです。

私も過去の自分に手紙を書いた経験があります。

私は病院を上司に辞めさせられそうになりながらも首の皮一枚つながったことがありました。

私はその上司に感謝の手紙を書いたことがあります。

そして、後年、私は「感謝の手紙を書いた自分」に手紙を書きました。今は手元にありませんが、「あのときはよく踏ん張って病院にとどまったね」という内容でした。

手紙を書くことで、怒りのままに行動しない姿勢が人生を切り開いたと改めて認識でき、自分の人生を客観的に見つめ直す大きなきっかけになりました。

第5章

独創性

静かな人の脳裏に溢れる
「豊かなアイデア」

『ビューティフル・マインド』：ノーベル賞と内向性

「独創性」と聞くと何か特別な能力のように聞こえるかもしれませんが、誰でも独創性のタネは持っています。

人間の内面は千差万別だからです。100人いれば100通り、100万人いれば100万通りの内面世界があります。そこに没入して、自分自身と向き合えば、人とは違った独自性を獲得できます。

問題は「内面に向き合えるかどうか」です。自分の内面よりも外の出来事（わかりやすい例が社交やパーティー）ばかりに関心がある人は独創性のタネを育てられません。外のみに注意を向けているとタネは腐ってしまいます。

独創性を発揮する人は外の世界に関心を向けるよりは、「自分の内面」を重視します。トレンドに流されずに「自分らしさ」を大事にします。まさに内向型の得意分野です。

独創的なクリエイターに内向型が多いのも、内向型は内面を見て深い思考ができるからです。

「自分の内面」と向き合って独創性を発揮した人物としてはジョン・ナッシュが挙げられます。

ナッシュは天才数学者で、ある状況での複数のプレイヤーの行動を予測する「ゲーム理論」の研究で知られています。どのプレイヤーも相手との協力なしにこれ以上利益を増やせない状態では現状維持状態が発生するという「ナッシュ均衡」を提唱し、この成果で1994年にはノーベル経済学賞を受賞しています。

彼は1928年に技術者であった父と教師であった母の下に生まれます。典型的な内向型で人と打ち解けるのが苦手であった反面、科学や実験には強い興味を持つ好奇心旺盛な性格でした。大学では化学や数学など専攻を転々とし、やがて経済学に興味を持つようになりました。

彼の半生は2001年に公開された映画『ビューティフル・マインド』に凝縮されています。

映画は1947年、ナッシュがプリンストン大学の大学院に到着したところから始まります。数学によって世界を支配する真理を見つけたい、真に独創的な着想を見つけたい、と授業に出る暇も惜しんで研究にひたすら没頭する姿が描かれています。遊びや恋には目もくれない、風変わりなまでに純粋な精神には同じ内向型の私も魅了されました。主演のラッセル・クロウが内向的な学者になりきり、不安定な心を巧みに演じていたのも印象的です。

映画でナッシュの内向性を感じさせる象徴的なシーンがあります。

ナッシュは女の子とまともに口がきけないほど社交下手で、合コンでもどうすれば意中の女性に好かれるかを数式で計算するような人物として描かれています。しかし、ルームメイトのチャールズとだけは気が合いました。チャールズはナッシュと正反対の明るい性格でしたが、彼の唯一の友で理解者でした。

チャールズの助けもあって、ナッシュは行き詰まっていた論文に活路を見出します。その論文が教授に認められ、志望していた研究所にも就職できます。

映画のネタばれにもなりますが、実はこのルームメイトはナッシュが自分の中につくりあげた「他人」です。「自分はこうありたい」という他者を自分の中につくりあげて、対話することで彼はつらい状況を生きることができたのです。

ナッシュは孤独の中で自分の内面をのぞき続けることで、独創性を発揮し、数学的な難題を次々に解決していきます。

そして、ノーベル賞も受賞します。

彼の生きざまは、内向的な人に勇気を与えてくれます。人の幸せは、天才であっても凡人であっても「自分らしさ」にあることを、『ビューティフル・マインド』は物語っています。

アップルの成功を導いた「魅力溢れる内向型」

アメリカのアップルには「2人のスティーブ」がいました。

1人は誰もが思い浮かぶスティーブ・ジョブズです。もう1人はアップルの土台となった最初のパソコンをつくったスティーブ・ウォズニアックです。高校の先輩と後輩だった2人のスティーブが、それぞれ500ドルを投資してアップルを創業しました。アメリカでは、このウォズニアックは内向型で有名です。

この二人はともに学生時代から電子工学に夢中になっていましたが、性格は正反対でした。

昔の従業員やアップルファンの人たちは今でも「アップルといえばウォズニアック」と断言します。現在のアップルの企業文化やビジョンを発展させたのはジョブズですが、アップルの技術をつくったのはウォズニアックだからです。

実際、アップルで「つくる」役割を果たしたのは内向的なウォズニアックでした。つくるのはいつもウォズニアックの使命で、それを商品化したのがジョブズでした。30個のチップだけで構成されたアップルコンピュータⅠや歴史を変えたアップルⅡは、いずれもウォズニアックの発案です。

不可能を可能にした「静かなスティーブ」

二人の関係を示すエピソードがあります。

ジョブズがアップルの創業前にエンジニアとして働いていたころ、一人用のビデオゲームの作成でウォズニアックに助けを求めます。

ウォズニアックは「何カ月もかかる」と抵抗しましたが、ジョブズは彼をじっと見つめ、「4日でできるはずだ」ときっぱり告げます。ウォズニアックは「不可能だ」と思いながらも、結局は言われるままに完成させます。

ジョブズは報酬として数千ドルを受け取りますが、報酬は700ドルだと嘘をつき、その半分だけウォズニアックに与えます。初期のアップルがどのようにして会社を大きくしていったかを物語るエピソードといえるでしょう。


しかし、ウォズニアックにとって金は重要ではありませんでした。彼は後年「報酬が25セントでもやっていたよ。面白かったから」と笑いながら振り返っています。

技術者だった父親から、3歳のときに電子学の原理を教わったウォズニアックにとっては、何かをつくる目的はお金ではありませんでした。「世界をより便利に、より住みやすくする」が使命でした。

彼は「自分の知る限り発明家やエンジニアという人種はとても自分と似ている。最高の発明をする人間は、アーティストでもあり、真価を発揮できるのはひとりで仕事をするときだ」と語っています。

そして、アップルの歴史をたどれば、流行に流されず、自分の好きなことをひとりで追求することで独創性を発揮したことを彼は証明しています。

アップルは株式上場し、2人のスティーブは億万長者となります。そこで二人の運命は分かれます。ジョブズは経営者として権力ゲームに夢中になり、一度は自分で創業した会社を追われます。ウォズニアックは自分の分の株式をアップル社員たちに、1株当たり5ドルというただ同然の価格で、1人当たり2000株ずつ譲渡する「ウォズ・プラン」を実行します。最低賃金だけを受け取りながら社内で発明に関わり、1985年にはアップルから離れます。ベンチャー事業を営むかたわら、自分の子どもが通う小学校の教師としても働き始めます。どこまでも彼は自分の心の声に従い、好きなことを追い求め続けます。

ウォズニアックと一緒に働くことは多くの学びがあるため「ウォズニアック大学」とも呼ばれました。ウォズニアックが人間的な魅力ではジョブズを凌ぎ、アップルの発展の礎を築けたのは、好きなことに没頭する純粋な精神性とそれがもたらす独創性が大きく影響しているのです。

トレンドに流されず、「自分の内面」を重視する

独創性の高い人は自分の好きなものに敏感です。好きなものを集めて、分析して、さらにその中から新しいものをつくる能力に長けています。

内向型の人は、自分の内的世界に時間を使う傾向にありますから、結果的に独創性も高い傾向にあります。

多くの人は関心が外の世界に向かってしまいます。髪型やファッションなど「トレンド」を追いかけて、どうにかして他の人と差別化しようと一生懸命になります。特に外向型の人は反射的に反応するのでトレンドに乗っかるのは得意です。

ただ、皆さんも街を歩いていてわかると思いますが、トレンドはすぐに真似できますし、独自性を示すのは簡単ではありません。外向型の人はトレンドには乗れますが、独自のものをつくるのは苦手です。深いものはつくれません。

ファッションの世界で独自の世界を示すのはデザイナーなど独創性のある人たちです。デザイナーの多くは自分の世界を持つ内向的なタイプが多いことはよく知られています。

独創性を発揮する人は外の世界に関心を向けるよりは、「自分の内面」を重視します。トレンドに流されずに「自分らしさ」を追求します。それは第三者からみると、「その人ならでは」のスタイルに映り、独創性につながります。

〝自分モード〟を取り戻す「余白」のススメ

独創性は人類の進歩に不可欠な要素です。芸術、科学、ビジネスなどで停滞を打破するのは常に独創性です。

人間がどのような状態で独創性を発揮するかは以前から論じられてきました。古代ギリシャ時代から、歩くことと考えることは結びついていると考えられてきました。散歩をしているうちに、ふとある瞬間、問題の解決法や新しい視点を思いつくことがあったからです。実際、ソクラテスもプラトンもアリストテレスも歩きながら会議した逸話が残っています。

ベートーヴェンなど音楽家も歩きながらアイデアを練ったことで有名です。歴史を通して、歩くことは、人々が考え、問題を解決し、創造的なアイデアを思いつくのに役立つという逸話は数知れません。

では、内向型がさらに独創性を発揮するにはどうしたらいいか。

それは、「余白」をつくることです。

現代は効率性の時代です。皆さんは職場でもいかに効率を高めるかを考えていると思います。ただ、最短距離を意識して集中しすぎると自由度が低下して、独創性は損なわれやすくなります。独創性を発揮するにはがっちりと縛らずに、生活の中にもむしろ「余白」をつくりましょう。

余白を持つとはボーッとする時間を過ごすことです。意識的に自分のことを規則的なパターンから解放します。それにより思考が分散し、気づきが生まれます。

仕事で独創的なアイデアが必要なときは制限されない状況に身を置いてみましょう。あえて、日常的なタスクを課さずに、スケジュールに余裕を持たせてみましょう。これまでに行ったことのない街を好き勝手に歩いてみたら新しい発見があるかもしれません。

「余白」が独創性を生み出すことは実験でも明らかにされています。

組織心理学者のアダム・グラントは、作業前に自由時間を設けた社員のほうが創造性の評価が高くなることを示しています。

グラントは学生たちに新しい事業アイデアを考えさせる実験を実施しました。被験者を2グループに分け、ひとつのグループには「すぐにアイデアを出してくれ」、もうひとつのグループには「5分間ゲームで遊んでからアイデアを出してくれ」と指示しました。

両グループが出したアイデアを比較した結果、ゲームをしてから出したアイデアは「創造性において28％も上回っている」という評価を受けました。

興味深いのは、先に指示を出さないで、ゲームをプレイしてもらった後に「すぐにビジネスのアイデアを出してくれ」と指示した場合は、出されたアイデアは創造性に優れたものではないということでした。

この実験の重要な示唆は、タスクを知らされる前にゲームに取り組んだところで創造性が高まるわけではない点です。

つまり、ゲームをしたから創造性が増長するわけではなく、「ビジネスのアイデアを出さなければならないと認識しつつゲームをプレイする」環境が創造性に好影響をもたらしたのです。「余白」が与えられ、先延ばししたことがアイデアを孵化させたのです。

グラントは創造性を必要とする仕事の場合は、先延ばしが有効に働く可能性を指摘し、偉人の実例についても言及しています。

例えば、画家のレオナルド・ダ・ヴィンチは「モナ・リザ」を完成させるのに16年の月日を必要としました。16年の間に試行錯誤を重ね、光学技術など新しい画法を取り入れることで、光の描き方を大きく変え、名画を誕生させました。

アダム・グラント
――「独創性」を発揮する法

グラントは独創性に関する研究を多く手掛けています。「先延ばし」以外にも独創性を発揮する人の特徴を挙げています。

そのひとつが「自分のアイデアに懐疑的であること」です。

独創的なアイデアを持つ人と聞くと、私たちは他人に何を言われようが自分や自分のアイデアに自信満々な人をイメージする人が多いでしょう。でも、実際は不安を隠しているだけです。

グラントは不安には2種類あると指摘しています。

例えば独創的なアイデアを活かして起業するとします。おそらく多くの人は不安の船出を迎えるはずですが「不安」といっても人によってその性質は異なります。「本当に起業できるのか」という自分への不安を抱く人もいれば、「このアイデアが通用するか」というアイデアへの不安を抱く人もいます。

独創性が高い人は、自分への不安でなく、「アイデアへの不安」に向き合います。自分を変えるのは難しいですが、アイデアは変えられます。アイデアが通用するか不安ならば、「最初からうまくいくわけもない」とアイデアを突き詰めれば不安は少しずつ解消されるはずです。

独創性を発揮する人のもうひとつの特徴は「失敗ではなく挑戦を重視する」です。

「自分のアイデアに懐疑的になる」とも関係しますが、独創的な人でも「もしかしたら、失敗するのではないか……」という不安は抱いています。それでも、彼らが挑戦するのは「行動して失敗すること」よりも「行動しなかったこと」を後悔するからです。

グラントは「最も偉大な独創的な人は、最も失敗してきた人」だと指摘しています。彼らは挑戦し続けたから、成功して「独創的な偉人」と歴史に名を残していますが、一方で失敗も多いからです。

例えば、内向型として有名な発明王トーマス・エジソンは60年以上にわたって1000を超える特許を持っていたことで有名です。蓄音機や電球、マイクなど世界を変えた特許もありますが、おしゃべり人形（音声システムが内蔵されていて不気味な声を発する）やフルーツを密封保存する機械など変わった発明も少なくありません。

同じく内向型として有名な音楽家でしたらバッハやベートーヴェン、画家ならばゴッホ、いずれも数打つことで傑作を生み出したといっても言い過ぎではありません。

特にピカソは素描、油絵、版画、彫刻や陶器を計14万7800点程も制作し、生涯で最も多くの作品を制作した芸術家としてギネスに登録されています。

ピカソは8歳ごろから絵を描き始め、92歳で亡くなっていますが、単純計算でも1年に1700点以上の作品をつくったことになります。もちろん、すべてが傑作なわけではありません。

いいアイデアを得るためにはたくさんの悪いアイデアも必要であり、「質」より「量」が独創性と無縁ということではありません。

独創性であるには最初から素晴らしいアイデアを生み出そうとしてはいけません。むしろ、真逆の姿勢が必要です。あまり結果にこだわらず、とりあえず試してみることが独創性の第一歩でもあります。

先延ばしになっても、自分のアイデアに不安になっても、そして実際にアイデアが採用されなくても問題はありません。アイデアがあるのに試さない。それが皆さんの独創性の発揮を妨げる大きな原因なのです。

「専門外のこと」が内向型の独創性を呼び覚ます

「時間の余白」だけでなく、「自分の中に余白をつくること」も独創性の発揮には欠かせません。

「独創性を発揮している人」と聞くと、ひとつの専門領域を極めている印象を抱くかもしれません。ただ、実際は専門分野以外の知識を持ち合わせることで独創性を発揮している例が少なくありません。

なぜならば、仕事以外の専門分野や趣味をたくさん持つことが独創性につながるからです。内向型で知られる偉人たちもいくつもの分野を自由自在に横断することで独創性を発揮してきました。

内向型として知られる心理学者のジークムント・フロイトは幼少期から多くの書物に目を向け、8歳のときにはすでにシェークスピアを原文で読んでいました。ギリシャ語、ラテン語、英語など、他言語も若くして習得します。

また、彼は19世紀半ばにオーストリアに生まれますが、当時のオーストリアはユダヤ人差別が露骨で、公の場でも「よそ者」扱いされることがたびたびありました。そうした境遇でも周囲に惑わされない内向型ならではの「芯の強さ」を貫きます。

フロイトの功績は多岐にわたりますが、身近なものとしては「夢」の研究が挙げられます。

1900年に出版した『夢判断』でフロイトは「夢は、無意識の世界に押し込められた欲望・欲求の現れだ」と唱え、この考え方をもとに、夢の分析が広がりました。今なお「夢とは何だろうか」についての論争は続いています。

フロイトは心理学者、精神分析学者として知られていますが、元々は生理学の畑の人です。

17歳でウィーン大学に入学すると、物理を2年間学んだ後、医学部の生理学研究所に入ります。両生類・魚類の脊髄神経細胞を研究し、脳性まひや失語症の論文も書いています。脳生理学と深層心理学の知識があり、相互を行き来することで関心を広げつつ、深めたことが夢研究など従来にない功績として形になったのです。

自分の中で専門分野と違う関心を持てば、関心の数だけ多様な目線を持つことができます。

知見を増やせば、アイデアは生みやすくなります。ひとつの分野での知見だけでなく、分野を横断することでアイデアはさらに生みやすくなります。

専門とかけ離れたことを趣味として楽しんでいて、趣味の視点を自分の専門の中に取り込めば、専門分野で独創的な視点を生み出せる可能性も高まります。

自分の専門や関心を限定しないことが独創性を発揮するのはビジネスの分野でも同じです。

経営管理学研究者のジョセフ・ラフィーとジー・フェンは1994〜2008年に起業した5000人以上のアメリカ人を追跡調査しました。本業を持ちつつ起業した人は、起業に専念した人よりも起業の失敗確率が33％低かったことがわかっています。

内向型である皆さんは、テーマをひとつに限定しないことで、複数のことを学んだり、取り組んだりしたほうがより独創的なアイデアを思い浮かべることができるはずです。

第6章

集中力

外見の静かさと相反する「内面のパワー」

イーロン・マスク、ビル・ゲイツ
——静かな人の「超・集中力」

内向型の人の「集中力」が高いのは自分の内側に意識を集中させやすい脳構造になっているからといわれています。

ですから、内向型は誰しも驚異的な集中力を発揮します。

テスラやスペースXの創業者であるイーロン・マスクは、アメリカでは内向型として有名ですが、仕事に没頭するあまり、週に120時間以上働き、常に睡眠不足なのは有名な話です。

健康を心配するTwitter（現X）での呼びかけに深夜2時半過ぎに反論したというエピソードがあるほどです。

自信に満ちたスピーチで知られていますが、あれは訓練の賜物です。彼は自身についてこう語っています。

「基本的に、私は内向型のエンジニアだ。壇上でスピーチをする際に吃音が出ないようにするため、苦労して訓練を積んだ。……CEOとして、避けては通れなかったからだ」

「自分の内側」に意識を集中させやすい

マイクロソフト創業者のビル・ゲイツも同じく内向型として有名です。彼の集中力のすごさも語り継がれています。共同創業者のポール・アレンは自身の著書でゲイツの仕事ぶりをこう振り返っています。

「深夜の作業中にビルが端末の前でうたた寝しているのもよく見た。コードを打ち込んでいる最中に、徐々に身体が前方に傾いていき、ついには、鼻がキーボードにあたってしまう。そのまま1、2時間眠った後目を覚まし、薄目でスクリーンを見て2度ほどまばたきをすると、すぐに何事もなかったように作業を続行する。本当に信じがたいほどの集中力である」

ゲイツの集中力がなぜすごいかについてはコンピューター科学者のカール・ニューポートの分析が興味深いので紹介します。

彼は「ディープワーク」という概念を提唱し、ゲイツこそディープワークの実践者だと指摘しています。

ディープワークとは注意力が散漫することなく集中し、脳が潜在能力をフル稼働させている状態です。ディープワークが新たな価値を生み、スキルを向上させ、容易に真似ることができない競争力を生み出す源泉になります。

ディープワークを実践できれば、難しいことをより早く学べるように思考回路を組み直せます。その結果、より短い時間でより質の高い仕事も実現できます。

ゲイツは1年に2回山小屋にこもります。その期間を「シンキング・ウィーク（考える週）」として、外の世界を完全に遮断します。

メールも携帯電話も使わなければ、インターネットにも接続しません。読書と思索にふけります。

もちろん、ビジネスのアイデアを練る場でもあります。従業員が提案する新しいイノベーションや投資案が記された紙の山にたったひとりで向き合い、構想をじっくり練ります。

1995年に提供を開始したInternet Explorerをはじめとするイノベーションは、まさにディープワークによって生み出されたといわれています。

内向型が持つ「エネルギーを内に向ける力」

内向型と外向型では情報処理の方法が違います。内向型の人と外向型の人の血液は、脳内でそれぞれ違った経路をたどるのです。

内向型の人の情報処理の経路は、より複雑で、内部に集中しています。

内向型の人の血液は、記憶する、問題を解決する、計画を立てるのに関わる脳の各部へと流れます。経路は長く複雑です。ですから、内向型の人は思考を重ねたり、細かい情報をまとめて抽象化したりする能力に長けており、長期的なプロジェクトを計画して実行するのが得意です。

対照的に外向型の人の血液は、視覚、聴覚、触覚、味覚（嗅覚は除く）が処理される脳の各部へ流れていました。彼らの主要な経路は短く、複雑ではありませんでした。そのため、外部の出来事への反応は速いのですが、思い付きで行動するケースも少なくありません。

両者の情報処理の大きな違いは、外部からの刺激（情報）に対して意図や解釈を加えてから記憶し、処理・反応に結び付けるかどうかにあります。

内向型の場合、情報・意味付け・計画・記憶・問題解決を扱う脳の領域を移動するため、移動領域も多くなります。意味や解釈を加えるには意識を自分の内側に集中させる必要もあります。内向型は外向型の経路よりも40％多くのエネルギーを使用するとの報告もあります。

内向型が集中力に優れているのは、自分の内側に意識を集中させやすい脳構造になっているからといえるのです。

なぜ静かな人は「驚異的な集中力」を発揮するのか?

内向型の人が外向型の人に比べて集中力が高いのは、脳の網様体賦活系の働きの違いによっても説明できます。

網様体賦活系は聞きなれない言葉だと思いますが、外部からの刺激を最初に処理して、脳に伝える部位です。大脳皮質の覚醒を引き起こしたり、脳内の情報を仕分けしたり、検索エンジンのような働きも担っています。

例えば、皆さんが何かを見たときに「これ、3年前にも見たことあるぞ」といったように思い出せるのは網様体賦活系が古い記憶を呼び起こしているからです。また、赤いコートが欲しいなと思って街を歩いていると、赤いコートを着た人ばかり意識してしまうのも網様体賦活系の働きによるものです。

これまでの研究では、内向的か外向的かは網様体賦活系の個人差によって決まるとされています。内向的か外向的かは網様体賦活系によって引き起こされる大脳皮質の覚醒と制止によって説明できると理解されています。内向的な人は覚醒レベルが高く、外向的な人は制止レベルが高いと考えられています。

内向的な人のほうが刺激に対して敏感ですので、大脳皮質は少しの刺激でも過剰に覚醒しやすい構造になっています。そのため、過剰な興奮を避けるために刺激を可能な限り避ける傾向があります。

一方、外向的な人は刺激に対して鈍感です。大脳皮質の覚醒が遅かったり、覚醒状態になってもすぐに覚醒が収まったりします。ですから、通常の刺激では外向型はすぐに退屈して、満足できません。より強い刺激を求めて、活動的になります。

このように内向型の脳は刺激を抑える仕組みになっています。網様体賦活系が刺激を回避して、集中力を発揮できる環境を整えているのです。

「自分の内側」を意識し、集中力のスイッチを入れる

それでは、ここからは潜在的な集中力を持つ内向型が、さらに集中力を発揮する方法をお伝えしていきましょう。

私たちは日々多くの情報に触れています。

情報が多すぎる時代といえます。

当たり前ですが、接するすべての情報を処理することはできません。一説によると、私たちは目に見える世界の1000分の1の範囲にしか注意を向けていないといわれています。情報は増える一方ですが、私たちの脳の仕組みは1万年以上大きく変わっていないからです。

1万年前は処理しなければいけない情報は衣食住に限られていました。そのときの脳の処理性能で今の情報の海に投げ込まれても、脳は当然処理できません。ですから、私たちが時にすべてのことに注意を向けられなかったり、集中力が長く続かなかったりしてパニックになるのは脳の構造上、全く不思議ではないのです。

集中力は脳の3つの情報処理のネットワークと関係があります。

寝ているときも私たちの脳は活動していることは皆さんもどこかで聞いたことがあるでしょう。

私たちの脳には「ぼんやりしているとき」や「寝ているとき」に働く神経ネットワーク「デフォルトモード・ネットワーク（DMN：default mode network）」があり

ます。無意識に近い状態で、記憶や経験を使いながら情報処理や指示出しをする役割を果たします。

私たちが特に何も考えずに毎日通勤電車に乗って会社のオフィスに時間通りにたどり着けるのもデフォルトモード・ネットワークのおかげです。皆さんは何も意識せずに最寄り駅まで最短の道を歩き、最適な電車を選んでいるはずです。

ただ、最寄り駅までの道で道路工事があっていつもの道が使えなかったり、いつも乗る電車の路線で事故があったりすると「どうしようか」と考えるはずです。

こうした場合に働くネットワークが「セントラル・エグゼクティブ・ネットワーク」です。自発的に意識を向けたときに活発に働きます。

私たちは意識していませんが、脳はこの2つのネットワークを切り替えて過度に集中したり、集中しなかったりを選択しています。この切り替えを担うのが「サリエンス・ネットワーク」です。

例えば、計算したり、語学を学んだり、運転したりするのにも最初はセントラル・

エグゼクティブ・ネットワークを働かせます。繰り返し反復しているうちに、デフォルトモード・ネットワークが機能するようになります。

皆さんも服を着たり、運転を覚えたりする行為は当初はかなり注意を払っていたはずです。慣れてくると当初ほど集中しなくてもできるようになったのではないでしょうか。足し算や掛け算を覚えるときも最初は必死に考えたと思いますが、そのうち特に考えずに答えが頭に浮かぶようになったはずです。

集中する行為には私たちが思っている以上に多くのエネルギーを使っていて、脳を疲弊させています。ですから、脳にはなるべく省エネで働く仕組みが備わっています。

こうした脳の仕組みを知っていれば、集中力を発揮できないのは特別なことではないとわかります。本節の冒頭でも述べましたが、あなたの問題ではなく、人間の脳の問題です。集中力を育み、集中力をいかに発揮させるかのヒントになるはずです。

「脳の自動操縦」を働かせやすい

3つの情報処理ネットワークについて理解した皆さんはどのような感想を持ったで

しょうか。

「意識的に集中するにはセントラル・エグゼクティブ・ネットワークが重要だ」と感じたのではないでしょうか。確かに一般的に「集中力」と聞いて思い浮かぶのはセントラル・エグゼクティブ・ネットワークの働きです。新しく知ることに注意を向けたり、仕事や勉強に取り組んだりするのには欠かせません。

ただ、最近はデフォルトモード・ネットワークが集中力との関係で重要だと認識され始めています。

私たちは「集中している」と聞くと、注意の対象を「自分の外側」に向けている状態をイメージしがちです。

ところが、「集中している」には注意の対象を「自分の内側」に向けている状態もあります。目を閉じて考えたり、ボーッとしていたり、無意識下で、自由気ままに考えを巡らせたりしている状態です。

これまでの研究では、「外側の世界」ではなく自分の「内側にある世界」に注意を向けると、デフォルトモード・ネットワークの働きを司る中心的な部位である後部帯状回（ＰＣＣ）が活性化することがわかっています。

ＰＣＣは創造性を発揮するとき、イマジネーションを膨らませるときの起点になっています。散歩のときや寝起きにアイデアがひらめくのはＰＣＣの働きによるものです。

逆にＰＣＣはセントラル・エグゼクティブ・ネットワークが働いているときは不活性の状態にあります。

ですから、集中したいときは「自分の内側」に意識を向けるようにしましょう。内向型の人はひとりで深い思考を重ねるのに長けています。自分の内側に意識を向けるのは難しくないはずです。

「オリンピック金メダリスト」に学ぶ集中力の持続法

集中力はいかなる分野でも求められますが、とりわけスポーツの世界は集中力が勝敗を分けます。１００分の1秒を争う競泳の世界ではなおさらです。本番で集中力を発揮するために科学的知見を取り入れる選手も多くなっています。

アテネオリンピック、北京オリンピックで金メダリストになった北島康介さんもそのひとりです。

北島さんは脳の考えるメカニズムを理解することで力を発揮し、世界新記録の樹立や、五輪連覇の偉業を成し遂げました。

きっかけは2008年4月の五輪代表選考会です。世界新記録間違いなしのペースで泳ぎながら、ゴール前で急失速し、世界新記録を逃します。

代表選考会では北島さんだけでなくゴール直前で失速し、日本記録や五輪代表を逃した選手が少なくありませんでした。

全日本の平井伯昌コーチは選考会の結果を受け、脳神経外科医の林成之さんに相談します。林さんは選手たちの失速を、「原因はスタミナ切れではない。脳の働きだ」と説明します。

脳はゴールが見えて達成したと思った瞬間、考えるシステムや体を動かすシステムにストップをかけます。これは脳の自己報酬神経群の働きによるものです。

自己報酬神経群とは「自分への報酬」をモチベーションに機能します。この部位が働かないと脳は活性化しません。

気を付けなければいけないのは、脳の活性化はご褒美が得られたという結果によるものではありません。ご褒美が得られそうだという「期待」が脳を働かせます。結果を手にしたと感じると、脳の機能はむしろ低下してしまいます。

北島さんたちもゴールを意識したことで、最後に力が抜けたというわけです。

有名な実験があります。

子どもに「50メートル走をこれから走るよ」と伝えた実験で、ゴールを55メートルに置くと、子どもの7割が50メートルにゴールを置いたときより50メートルのタイムを縮めました。ゴールが近いと思わず、50メートル地点を走り抜けたので失速しなかったのです。

林さんから脳の仕組みを聞いた北島さんたちは脳のストッパーを働かせない対策を練ります。プールの壁をゴールだと思わずに、壁にタッチした後、振り向いて電光掲示板を見た瞬間をゴールだと考える訓練を重ねます。その結果、取り組みから1カ月後に世界記録を塗り替えます。

人はさまざまな場面で「ゴール」を意識すると脳の活動が落ちます。競技中なら運動機能が低下しますし、仕事や勉強も予定した終了時間が近づけば作業効率は落ちます。ゴールをゴールと考えないことが大切になります。

ですから、仕事をしていたら、オフィスを出るまでを仕事の時間と考える。勉強していたら、ノートや参考書を閉じて、机の上を片付けるまでを勉強時間と考える。勉強の後におやつを食べるのならばおやつを食べ終えるまでを勉強時間として捉える。

ゴールを実際よりも先に設定すると集中力は持続しやすくなるでしょう。

第7章

傾聴力

静かに聞いて、
「静かな影響力」を
発揮する

ジャン・ルノワール：「聞く力」でチームを統率する〝静かな天才〟

「傾聴力」は耳を傾けることで、相手がそれまで話してくれなかったことを、会話を重ねる中で言葉として顕在化させる力です。

最近はビジネスの世界でも注目されている力ですが、単に話を聞くことが目的ではありません。相手の気持ちを聞き取り、言葉のやりとりの中で相手がその気持ちに至った問題を捉えることこそ傾聴の本質です。

傾聴力がある人は「人の内面」に興味があります。興味がなければ、じっと耳は傾けられません。「人の内面」に興味がある人はそもそも「自分の内面」に元々興味があります。内向型は「自分の内面」への探求心が強いので、「他人の内面」にも興味を持ちやすい傾向にあります。結果として傾聴力も高いのです。

そんな内向型が実際に「傾聴力」を発揮した例を紹介しましょう。

「ルノワール」と聞けば、皆さん、フランスの印象派の画家であるオーギュスト・ルノワールを思い浮かべるでしょう。

柔らかい色彩で描かれた女性が特徴的で、「ムーラン・ド・ラ・ギャレット」や「シャルパンティエ婦人とその子どもたち」など多くの有名な作品を残しています。どれか一作代表作を挙げろと言われると答えに窮する人も多いでしょうが、フランスでは「彼の最高傑作は息子のジャン・ルノワールだ」といわれています。

ジャン・ルノワールは戦中から戦後にかけて活躍した映画監督です。

「駄作がない」といわれた監督でもあり、フランス映画第一黄金期の四大監督のひとりに数えられています。

晩年、ハリウッドにも渡りましたが、頑なにハリウッド流を拒否します。わかりやすいストーリーやスターを起用するように要請されますが、拒み続けました。誰に何を言われようが自分の興味のあるストーリーしかつくりませんでしたし、好きな俳優しか起用しませんでした。自分の内的関心によって映画をつくり続けました。自分を貫く「芯の強さ」を持つ内向型人間でした。

彼は内向的な幼少期を過ごしたことで知られています。何人もの登場人物をつくって、ストーリーを創作して人形劇を家族に披露した逸話も残っています。小さいころから見たり、聞いたりして分析する力が鋭かったことがわかります。

内向性が活きた傑作
『大いなる幻影』

彼の内向性が活きた映画が、1937年に公開された『大いなる幻影』です。第一次大戦下のドイツ軍収容所を舞台に描いた反戦映画です。

フランス軍の大尉と中尉たちは敵の視察に飛び、独軍の捕虜となってしまいます。収容先の収容所ではユダヤ系将校が中心となって脱走を計画して、一致団結してトンネルを掘り続けます。


この映画が素晴らしいのは「人間」が描かれている点です。

収容所なのに豊かな食事をとるフランス兵と、それを認めるドイツ軍人。独房に入れられた中尉にそっとハーモニカを渡すドイツ人の看守。敵であっても貴族階級出身ということで語り合う独仏両軍の大尉……。敵味方を超えて理解しようとしながらも戦争に揺れる姿を描けたのはルノワールの観察眼と洞察力によるものでしょう。彼が内向型だから撮れた映画だと私には思えます。


映画監督の中にはルノワールに限らず観察眼や分析力に長けた人は存在しますが、ルノワールに特徴的なのは「傾聴力」、聴く力です。

俳優から役に対する意見を徹底的に聴き、俳優の個性や考えをうまく引き出します。

俳優の考え方を採用するかはともかく、耳を傾け、一度受け入れることで、信頼関係を築き名作を世に送り出しました。

彼は演技指導にも傾聴力を活かしました。

自分の「聴く力」だけでなく、俳優たちの「聴く力」も演技に活かしました。俳優にも「聴く」ことを徹底させて、役の理解を深めさせたことで有名です。「イタリア式本読み」というメソッドです。

これは今でも取り入れている映画監督は少なくありません。村上春樹さんが原作でアカデミー賞の国際長編映画賞を受賞した『ドライブ・マイ・カー』も、監督の濱口竜介さんがこのメソッドを使って撮影しました。

「イタリア式本読み」は、リハーサルで出演者が無感情でひたすら台本を読む本読みという作業を繰り返します。その後に意見交換をして、その台詞はどういう気持ちで語られるものか監督が俳優たちから意見を聞き、合意点が見つかるまで徹底的に話し合います。そして、本番で初めて役者が台詞を自由に、感情を込めてしゃべります。

ルノワールが言うには、台詞にあらかじめ想定した感情を込めてしまうと演技はそこで発展しなくなってしまいます。ですから、台詞をまず完全にフラットな状態にしておくことで、本番で起きる即興的なものに入り込みやすくする狙いがあるようです。演劇のほうにルーツがある手法で、本家本元は早口でひたすら棒読みしていたそうです。

このメソッドはリハーサル慣れを防ぐのに大きな効果を発揮します。台詞に慣れすぎてしまうと、台詞はただの台詞になり、相手が発する言葉の意味やそこに流れる感情に注意を払わなくなってしまいます。

感情やニュアンスを排除することで、俳優たちは相手の台詞をただ「聴くこと」を求められます。本読みの回数を重ねることで、相手のセリフの意味を理解できるようになり、本番で役の感情に向き合ったとき、恐るべき集中力で湧き上がってくる感情を解放できるようになります。

内向型のルノワールは自身が傾聴力のすごさを実感していたからこそ、採用したメソッドといえるでしょう。

「自分の内面」に興味があるから、「他人の内面」にも興味がある

私はアメリカに渡る前、日本で小児科医として働いていました。勤務先は小児白血病の専門の病院でした。

白血病の治療は大人でも大変な苦痛が伴います。治療が終わったと思っても、再入院が必要になる子どもも少なくありませんでした。

今でも忘れられないのは担当した中学2年生の男の子です。彼も一度退院しました

が、寛解状態を維持するために改めて治療が必要になり、再入院してきました。

彼は典型的な内向型でした。いつも本を読みながら、思索にふけっていて、ちょっと近寄りがたい雰囲気を私は最初に感じました。

ただ、入院している他の子どもたちに聞いてみると、特に会話を避けるわけでもないということでした。むしろ、彼よりも年下の子どもたちからは「話をよく聞いてくれるお兄さん」として評判でした。

また、子どもたちだけでなく看護師さんたちの評判もすごく良かったのが印象的でした。「彼を励まそうと話しかけたら、いつのまにか自分のことを聞かれて、話を引き出されていた」と声をそろえるのです。

傾聴力に長けた内向型だったのです。

私は「面白い子だな」と感じて、話しかけてみようと近づくと、彼はフランスのジャン＝ポール・サルトルの小説『嘔吐』を手にしていました。

サルトルは哲学者、小説家、劇作家として、いっとき「サルトルの時代」を築き、戦後の日本はもちろん、世界中に大きな影響を与えた知識人です。『嘔吐』はその代表作とも呼べる長編小説ですが、難解です。恥ずかしながら、私も読んだことがなかったので、「難しい本を読むね」と話しかけると、少し照れたような表情を浮かべました。「わからないけれども、頑張って読んでいます」と謙遜して語っていましたが、本当は内容を彼なりに理解していたと思います。

彼が本をひたすら読んでいたのを知っていたので、「なんで本をたくさん読んでいるの」と聞くと、彼はたくさんの本を読み、人の話に耳を傾けるに至った動機について話してくれました。

彼は中学1年生のときに白血病で死ぬ覚悟をしたそうです。「もう本当に死ぬ」と思ったときに、頭に浮かんだのは「より良き生を送りたい」だったそうです。「自分がもし生き延びることができたら、絶対により良い人生を送ろう」という気持ちを強く抱いたのです。

幸いにも治療は成功しました。そして、有言実行で「より良い人生を生きよう」と考え、たどり着いたのが「耳を傾ける」でした。「読書でいろいろな知識を身につけるのはもちろん、いろいろな人の話を聞いて、自分の人生の参考にしよう」と思ったそうです。

自分が成長するには、自分の人生の経験だけでは足りない。だから、いろいろな人の人生経験を聞いてみよう。

私も成人してしばらくしてから「傾聴力」の重要性は認識しましたが、彼は中2の時点で気づいていたのです。

聴く力の重要性は最近になって書籍などでも取り上げられていますが、本来は内向型の人に長けた能力です。

傾聴力がある人は「人の内面」に興味があります。興味がなければ、じっと耳は傾けられません。「他人の内面」に興味がある人はそもそも「自分の内面」に元々興味があります。内向型は「自分の内面」に興味があるので、「他人の内面」にも興味を持ちやすく、傾聴力が高い傾向にあります。

彼の場合も元々は自分に興味があると言っていました。どこまでも内向的なのです。そして、死に接したことで内なる興味が加速したのです。

自分が死にかけたことで、自分には何が必要なのかと「自分の内面」とこれまで以上に深く向き合ったのです。

彼にしてみれば、自分に必要なものはおいしいものを食べたり、いろいろなものを買ったりして、享楽的な人生を送ることではありませんでした。内向型の大きな特徴でもありますが、自分を成長させたいと考えたのです。そして成長させるには、あらゆるものをどん欲に吸収したいと思い、「他者の内側」への関心を強くしたのです。

こうした関心があるから他者の話もただ「聞く」のではなく、「聴く」ことができるのです。耳を傾け、他者の内部にあるものも引き出せるのです。

傾聴力を発揮する「カール・ロジャーズの傾聴法」

では、そんな傾聴力に優れた内向型が、さらに傾聴力を発揮するためにはどうしたらいいのでしょうか。

日常生活の中で、他人の大事な話を聞く経験は誰にでもあるはずです。

会社での人間関係の悩み、退職や転職の相談、誰にも打ち明けられない家庭の問題。そこまで深刻でなくても、ちょっとした愚痴を聞く機会は毎日のようにあってもおかしくないはずです。

そのようなとき、皆さんはただただ「聞く」のではなく、どのようにして「聴く」でしょうか。聴き方に正解はありませんが、傾聴力を発揮するのに有名なテクニックとして「ロジャーズの3原則」があります。

これはアメリカの心理学者でカウンセリングの大家であるカール・ロジャーズによって提唱されました。

ロジャーズが傾聴を重視したのは「人間には成長に向かっていくための資源や回復するための能力が潜在的に備わっているから、その人がどうしたいのか、どうありたいかはその人自身が一番知っている」と考えたからです。

そして、この考え方を踏まえて、彼は自分が相談を受けるときは、自分が持っている専門的な知識や意見を伝えるのではなく、相談者を尊重し、その人が自ら選択ができるようサポートすることを重視しました。

ロジャーズは傾聴する前提の姿勢について言及しています。彼は話し手の邪魔をすることなく、自由に安心して話してもらうためには、聞き手の態度が非常に重要であると考えたからです。

傾聴の姿勢の大原則は、まず、相手の話に興味を持つことです。彼は相手の話を引き出そうとする心がけが重要だと説いています。

また、相手の話を聴いて、「ジャッジしない」「批判しない」姿勢の大切さも強調しています。

皆さんの周りにもこちらが話している最中に口をはさんで反論するような人がいるかもしれませんが、傾聴では最もNGな行為です。もちろん、相手から「どう思う？」と尋ねられることはあるでしょう。話の感想を求められれば話しても問題ありませんが、自分からは話さない態度が重要です。

先入観を持たないで接したり、話を不用意に急かさなかったりする姿勢も欠かせません。

傾聴の目的は相手に信頼されることです。信頼されることで悩みを打ち明けられ、あなたにだけ相談を持ちかけられるようになります。

他にも前提となる姿勢としては、「知っている話でも初めて聞いたように聴く」のも有効です。また、基本的には目を見て話したり、聴いたりしますが、話し手の中にはこちらが目を見ると嫌がる人もいます。ですから、「視線を嫌がっているかも」と感じたら、頬骨あたりを見つめると良いでしょう。目を合わせなくても、「あなたを見ているよ」と相手にしっかり伝えられます。

静かに聞くための「3原則」

ここまでは傾聴する際の心構えでしたが、ここからは、傾聴中にどうふるまえばよいのかのテクニック「ロジャーズの3原則」をお伝えします。

3原則は「自己一致(congruence)」「共感的理解(empathic understanding)」「無条件の肯定的配慮(unconditional positive regard)」の3つです。

「自己一致」は相手と自分が見ているものを一致させることです。相手の話の中で自分が理解できていないことが何かを確認し、それを埋めます。理解できないところは、そのまま聞き直したり、相手のフレーズを繰り返したりします。相手の真意を確認します。

「共感的理解」は相手の立場になって共感を示すことです。相手の立場に立って聞くことで、話し手との間に「思ったことを素直に話してもいい」という雰囲気をつくれます。同じ視点に立つことで信頼関係も強調できます。

「無条件の肯定的配慮」は自分の善悪や好き嫌いの感情に関係なく、相手の言葉を一度はすべて承認することです。肯定的な関心を持ちながら話を聴きます。どんな状況でも相手を支持する姿勢を見せます。相手が安心して、ためらいなく話せる空間をつくります。

ロジャーズの原則に従えば、傾聴力には、安心して話せる雰囲気をつくると同時に、話し手の体験を自分の体験のように感じてみようとする姿勢が欠かせません。

「そんなことできないよ。どうすればいいんですか」という声が聞こえてきそうですが、相槌以外に何もしなくてもかまいません。

皆さんが何を話すかではなく、相手が話している内容について思いを巡らせ、相手が何を考え、どう思ったかをその人になったつもりで感じてみる意識が重要です。

おそらく、内向型の皆さんはそうした力に長けているので、少し意識するだけで、話し手は「自分の話をしっかり聴いてもらえた」と感じるはずです。

もっと傾聴力を高める法

私の周りの医者には内向型の人が多いのですが、「傾聴力が高いな」と感心したのはガスカ氏です。

彼は私の研修医時代のメンターのひとりでした。苦しい研修医時代に何度も彼に救われ、研修医を無事終了したときに真っ先にお礼を言いに行ったのも彼でした。

彼も他の内向的な医者と同じように読書家でパーティー嫌いでした。非常に神経質で敏感な性格のため、自分自身を落ち着かせるためにいろいろな種類の精神療法を独学していました。

神経質でしたが気遣いの人でもありました。

彼のオフィスに行くと、コーヒーやキャンディー、チョコレートがたくさん置いてありました。彼はコーヒーを飲まないし、甘いものは食べないのですが、来訪者をもてなそうと常にそうした嗜好品を用意していたのです。積極的に人に関わらないけれども、おもてなしをしようという気持ちはとても強い人でした。

今でも覚えているのは彼の部屋のソファーです。

ものすごく座り心地がよかったので「このソファーいいですね。なんでこんなにいいソファーを置いているのですか」と尋ねたことがあります。

すると、彼は「少しでも話しやすくなってもらうためだよ」と教えてくれました。

「患者さんの話を聴くことで、相手が喜んでくれるのは嬉しい。自分に心を開いて信頼してくれる過程が精神科の醍醐味だ」と語ってくれました。だから、患者さんが話しやすくなるような環境を絶えず考えているというのです。

心理学者のジークムント・フロイトが開発した精神分析療法に自由連想法がありま す。

患者さんに頭の中に浮かんだことを無理にまとめようとはせず、そのままに自由に連想してもらう手法です。この際、分析者は患者さんを見ることができて、患者さんは分析者を見ることができない状況をつくらなければいけません。

患者さんに心の中に浮かんだ一切のことを言語化してもらうために、リラックスした状態になってもらうことが目的です。

一般的には患者さんにソファーに横になってもらって、分析者はその背もたれの後ろ側に座ります。ですから、ガスカは患者さんのためにソファーにこだわったのです。個人的に椅子やソファーにこだわりがあるわけではなく、座り心地がよいソファーを用意してリラックスしてもらいたかったのです。実際、ガスカが自分で座る椅子は非常に硬く、座り心地は悪かったのが印象的でした。

私も研修医時代のつらいときに、ガスカに自由連想法を試してもらったことがあります。研修生活がつらくてたまらないけれども、悩みをうまく吐き出せない私の姿を見て、彼に勧められたのです。ソファーに横になって、後ろに彼が座りました。途中で泣き出しそうになってしまったこと、「後ろを見ながら話してもいいよ」と言ってくれた彼のやさしさは今でも忘れられません。

傾聴力がある彼だからこそ、私の話を聴いて、共感して、私の内面世界にまるで自分のことのように意識を巡らせてくれたのです。

彼は私が悩みを話し出せば、耳を常に傾けてくれました。何時間話しても、話し続ける限り聴いてくれました。「今日はそろそろ終わりにしようか」とは決して言いませんでした。時間で区切ることは絶対にしませんでした。

話し手を決して否定しないのもガスカの特徴です。

私を責めるような感想も質問も一切しませんでした。

常に目線を合わせてくれました。

例えば私が研修医のつらさを打ち明けると、自分の研修医時代の苦悩を告白してくれました。説教はもちろんしませんし、肯定も否定もせず、寄り添ってくれました。共通の経験を話してくれるので、共感は高まり、信頼はより強固になりました。

今振り返れば、彼のふるまいにはロジャーズの3原則（自己一致、共感的理解、無条件の肯定的配慮）がすべて含まれていました。

本人に確かめたことはないので、彼が3原則についてどこまで意識的にふるまっていたかはわかりません。ただ、私が話しやすくなるようにすごく努力してくれていたのは誰の目にも明らかでした。

研修医時代は私の人生の中でも靄がかかったような期間が長く続きましたが、彼と話した後だけは思考も視界もクリアになりました。

「話を聴いてもらえた」と感じることができましたし、何かあると彼と話したいという気持ちにさせられました。ガスカの傾聴力のすごさを物語っていますね。

傾聴で「静かな存在感」を発揮する

私の精神科医としての信条は「傾聴」です。

話し手を尊重し、こちらが押し付けるのではなく自分から選択できるような環境づくりをサポートしてきました。

もちろん、精神科医として患者さんの話に耳を傾けるのは職務ともいえますが、私が傾聴を大切にするのは仕事のためだけではありません。自分のためでもあります。

日本には「情けは人のためならず」ということわざがあります。人に対して情けをかけておけば、巡り巡って自分に良い報いが返ってくるという意味の言葉です。

傾聴することもこのことわざに当てはまります。

傾聴することは話し手である相手に「この人は私をわかってくれている」というポジティブな印象を与えます。一方、聴く側にも確実にメリットがあります。

内向的な人は「自分の心の機構や構造」に興味があります。傾聴を通じて「他人の心」の中を見て、相手の思考の道筋や意識の流れ、気持ちの変化を知ることは自分自身への理解も深めます。傾聴は内向的な人間にとって自分のことをより深く理解するための絶好の機会ともいえるのです。

ただ、これまで私がお伝えしたような傾聴の重要性やテクニックを理解していても、相手の話に「耳を傾けること」がいきなりうまくできるとは限りません。

私も毎日のように仕事で患者さんの話を傾聴していても、当初はうまくいかないときもありました。

どういうことかといいますと、自分では傾聴しているつもりでも、実際はあまり聴けていなかったのです。当然、患者さんに「この人は私の悩みを理解している」と思ってもらえませんし、「私の話を聴いてもらえた」と感じてももらえません。

ですから、本当に自分が傾聴できたかどうかを見極める必要がありました。

私の場合、患者さんの許可を得て、会話を録音していた時期があります。そして、録音を聴き直すといくつかの気づきが必ずありました。

患者さんの話を聴くよりも患者さんの挙動に意識が向いていたり、相手の話の中で自分の気になるところばかり耳を傾けて質問したりする特徴がありました。患者さんの話を聴きながらも、自分は次の質問を考えているため、患者さんの話を聞き逃してしまうクセもわかりました。

こうした自分の特徴を把握した上で、とにかく聴くことを再徹底しました。体をしっかりと相手に向けて、相手になったつもりになって体全体で話を感じてみようという意識を持ちました。

相手の話をすべて聞き終わって、共感を示してから、間を持たせるようにしました。それから、質問を考えました。そうすることで、聞きもらしもなくなりました。

自分の関心ではなく、本当の意味で相手の立場から質問を発することができるようになりました。

傾聴の姿勢を改めたことで、相手への理解も深まりましたし、自分自身のふるまいや思考のクセも知ることができました。自分自身を知れたのです。

おそらく皆さんも相手の立場になって聴いているようで、実は自分の関心主体で聴いているケースが少なくないはずです。

重要なのは「話し手の体験をまるで自分の体験かのように感じてみようとする姿勢」

です。

聴いている途中に気になることがあっても、相手の話をすべて受け止めましょう。

傾聴は人と向かい合いながら、単に話を聞くことが目的ではありません。相手の気持ちを聞き取り、言葉のやりとりの中でその気持ちに至った問題の本質に応えることです。そうした行為を通じて皆さんは「人間」の本質に近づき、自分自身の理解も深められるのです。情けは人のためならず、なのです。

第8章

共感力

「静かな気くばり」で、人の気持ちに寄り添う

『グッド・ウィル・ハンティング』：内向型の類まれな共感力

最後の「共感力」は**「相手の視点を理解して、相手の感情を汲み取る力」**です。

相手と会話しながらも、「なぜ、この人はあのような行動を取ろうと考えたのだろう」と相手を観察する意欲が欠かせません。

ただ、「相手への関心」だけでは共感は生まれません。同時に、「相手の感情に対する自分の反応」に注意を向ける必要があります。そこで共感が初めて生まれます。

ですから、外部と内部の両方を観察する、探求心が欠かせません。観察力に長け、「自分の内部」への探求にも関心がある内向型にしか発揮できない能力です。

MITの教授を唸らせる「静かな天才」

ここでも共感力を発揮する内向型の例を紹介しましょう。

『グッド・ウィル・ハンティング／旅立ち』は1997年に公開されたハリウッド映画です。

天才的な頭脳を持ちながら、幼いころに負ったトラウマが原因で心を閉ざした青年と、最愛の妻に先立たれて失意の底にいる孤独な心理学者との交流を描いています。

私はこの映画が大好きで何度も見ているのですが、いつも見ながら泣いてしまいます。

なぜならば、この映画は人間への深い洞察があるからです。その洞察が見ている人の心の機微に触れ、登場人物に対する深い共感を呼び起こします。

ボストン近郊のマサチューセッツ工科大学（ＭＩＴ）で教壇に立つ世界的な数学者ランボー教授は、学内の廊下の黒板に難しい数学の問題を掲示して、学生たちから解答を募ります。

ＭＩＴには世界中から秀才が集まっていますが、学生は誰も解けません。ところが、翌朝になると黒板に答えが書かれています。ランボー教授がその日の授業で「誰がこれを解いたのか」と呼びかけますが誰も手を挙げません。

その後、教授は黒板に鮮やかな正解を書き残して去った人物が、校舎の清掃員として働いていた20歳の青年ウィル・ハンティングと知って驚きます。

しかしそのころ、青年は町で乱闘事件を起こして相手にけがをさせ、法廷に立たされていました。

ウィルは内向的で、非常に優しく、感受性の豊かな数学の天才でした。反面、幼少期に父親から虐待を受けたことで人間に対する不信感が強く、自身の弱さに対する嫌悪感も抱えていました。

非常に屈折した青年で、それが時には暴力としてあらわれ、問題を度々起こしていたのです。過去にも逮捕された前歴があり、実刑判決は避けられないとみられていましたが、彼の数学の才能を惜しむ教授が判事と交渉し、2つの条件を付けた上で身柄を自由にしてもらいます。

条件は、ウィルが毎週必ず教授の研究室に来て数学の勉強をすることと、週1回、精神分析医の診療を受けることでした。2つ目の条件を満たすために教授は、学生時代の友人で医師のショーンのところへ、ウィルを通わせます。

反抗的な主人公の態度に最初は医師も困惑したものの、幼少期に里親に虐待された体験を持つウィルに対し、ショーンは自分も少年時代に虐待されたことや、2年前に妻を亡くした苦悩を打ち明けます。面談を重ねるうちに、屈折し、殻にこもっていたウィルの気持ちに変化が見え始めます。

ウィルは自分に真剣に向き合ってくれたことやショーンの孤独に共感します。互いに内向的な人間であることや、心を開かずに生きてきたことなどが作用して、強い絆が二人に生まれます。傷ついた互いの心が通じ合うまでの描写は圧巻です。

「秘めたる共感力」が呼び覚まされる

この映画は、本来、人間が持っている「共感性の再生」が大きなテーマです。

ウィルは劇中では非常に外向的にふるまうのですが、内向型です。共感力は元々備わっています。ただ、虐待の過去もあって、自分の内面をさらけ出せない、他人と共感できない複雑さを持っているように描かれています。極度の人間不信であり、自己嫌悪もあり、自分自身の本来の姿に反発して暴力的にふるまっていたのです。

そうした人間不信や自分に対する嫌悪感が絆によって癒やされて、共感力によって拭い去られる過程が感動的です。

人は人でしか変えられません。

相手を知ることによって初めて苦しんでいる自分と同じ立場の人間がいたり、自分のことを真剣に思ってくれたりしていることが理解できます。

自分が信頼する人を見つけて、心を開くことで、自分自身もいいほうに変われます。人に対してすごく優しくなったり、思いやりを持ったり、共感できるようになれます。

ウィルも人を知ることで心を開いて、自分から共感力を発揮できるようになったのです。自分を開花させてくれる人との出会いが重要だと教えてくれます。

この映画そのものも、ある出会いから生まれました。無名だったマット・デイモンがハーバード大学在学中に書いた脚本を大親友のベン・アフレックに見せたことでベンが共感し、完成しました。マットもベンも内向的な性格で知られています。

この名作は一人では実現しなかったかもしれません。二人はこの映画のヒットにより一躍スターになりますが、二人の共感力がなければこの名作は生まれなかったかもしれません。

メリル・ストリープ静かな名言

内向的な人には思慮深さがあり、観察力と洞察力が備わっていることは第7章までお伝えしました。

内向型が人間に対する興味が強いのは、そもそも「自分の内面」への関心の高さによるものでした。そして、自分の内面を成長させるために他人からも多くのことを吸収します。人に対する共感性も自然と高くなります。

共感性は多くの職業で必要となりますが、特に共感性を活かした職業のひとつが俳優です。俳優に内向型が多いのもこの共感性と関係があります。

例えば名優のひとりに数えられるメリル・ストリープも内向型として知られます。

彼女はイェール大学の大学院（演劇科）を卒業後、舞台俳優としてキャリアをスタートします。1977年に映画デビューし、『ディア・ハンター』『クレイマー、クレイマー』『マディソン郡の橋』『プラダを着た悪魔』などの名作に出演しています。アカデミー賞ノミネートの数は史上最多の21回で、そのうち主演女優賞を2回、助演女優賞を2回受賞しています。

彼女は幼少期から内気で、それを克服するために母親の勧めで演劇学校に通い始めたという逸話があります。

俳優が演技で感情を表現する手法として「メソッド演技法」があります。アメリカの演出家・演技指導者のリー・ストラスバーグが役者の訓練のために考案した演技法です。1947年に創設されたアクターズ・スタジオで使用され、普及しました。彼女は演技にこの手法を取り入れています（メリルだけでなく、アメリカの映画・演劇界を支える名優ロバート・デ・ニーロ、ダスティン・ホフマンもメソッド演技法を取り入れています）。

メソッド演技法は登場人物の内面に注目して、性格や心理を掘り下げます。登場人物に没入し、その人物が劇中で感じるような感情を追体験してより自然でリアリスティックな役づくりをします。

俳優のキャラクターを消して、その人物に完全になりきるわけです。ですから、彼女は意地悪な役を演じる場合は撮影中にスタッフや他のキャストと雑談したり冗談を言ったりはせずに、待ち時間や休み時間は1人で過ごすそうです。

もちろん、役になりきるのは簡単ではありません。ここで重要になるのが「共感力」です。

メリル・ストリープは内向型ゆえに、高い共感力で劇中のキャラクターを掘り下げ、完全にこの方法を習得して使いこなします。

彼女は「訛りの女王」ともいわれています。作品の背景や役柄に応じてアメリカ各地域のイントネーションを巧みに使い分けることができるからです。まさに共感力の賜物です。

最後に彼女の有名な言葉を紹介します。

「人間が授かった大いなる才能。それは共感する力です」

共感力が高く、共感力を活かしてきた大女優の言葉だけに説得力があります。

人類を進化させた、静かな人の「情緒で人をまとめる力」

戦後を代表する文学者で批評家の小林秀雄は「人間の人間たるゆえんは人間の心にある情緒である」という言葉を残しています。これは私が生きる上での支えになっている言葉のひとつです。

ここでの情緒の定義は、我々が誰でも心の底に持っている道徳的、美的感動を呼び起こす感受性の源泉です。

人間はいくら合理的に効率的になろうとしても結局は論理ではなく情緒の生き物で

はないかと小林は言っているのです。今の効率至上主義の時代にこそ多くの人に響くのではないでしょうか。

同じように人間の情緒の重要性を説いているのが数学者の岡潔です。

岡が小林と対談したときに、岡は数学者としての立場から「数学は知性の満足だけでは存在しない。感情の満足が必要だ」と語っています。

岡は数学者としては研究に対する思想が独特で、数学の本質は「計算」や「論理」ではなく、「情緒」の働きだと指摘しています。そして、彼は人間が生に敬意を感じながら生きていく意欲を「情緒」というふうに呼んでいます。生に対する共感ともいえるでしょう。

岡自身が難しいテーマに取り組むにあたりインスピレーションを得たのは芸術で、マティスの展覧会に行き、年代順に並べられた作品やその作品に先立つ素描をたくさん見て「数学もこんなふうにやれば良いのだ」と思った逸話も残っています。

文学も好み、夏目漱石や芥川龍之介、松尾芭蕉などの作品を愛読しました。数学教育については「計算の機械を作っているのではない」と情緒を培うことの大切さを強調しています。

情緒は共感によってもたらされます。情緒の裾野には共感力が必ず存在します。例えば、自然の風景や芸術を見たときに情緒を感じるのは共感があるからです。その一方で、情緒という美的感覚が共感を作動させます。

ですから、美や道徳への感受性が高い内向型ほど人間への共感力も高くなります。そして、情緒によって呼び起こされた共感こそが人と人の信頼の懸け橋となります。人間がお互いを支え合う力になっているのです。

情緒が生に対する共感であるならば、まさに情緒こそが私たちをまとめ、人類を進化させるのに不可欠だったともいえるでしょう。

人間は有史以来、争いながらも協力して、進化してきました。

人類の歴史は原始から争いの歴史であり、その争いを収めるための交渉の歴史でもあります。

自己主張が強い者同士が対立したとき、その間に入る交渉人が必ず存在しました。交渉人は敵対するそれぞれに共感力を発揮して、両者の思考過程、立場を理解し、争点の落としどころを探ります。

私たちは交渉人を「人間力が高い」と評価しがちですが、この場合の人間力は具体的には共感力です。共感があってこそ相手への深い洞察や理解が可能になります。深く共感することでしか人間の心は開かれませんし、膠着《こうちゃく》した関係性は打開できません。

そして共感力を発揮しやすいのは内向型です。

諍《いさか》いを起こしている相手の、お互いの立場に立って考えて、人と人の間に立って無益な争いをなくしてきました。争いを収めることによって多くの人が生き延び、多くの遺伝子が生き残ることによって、人間の生き物としての多様性が保たれました。それが人類の今の繁栄につながっています。

内向型の情緒への理解が共感力を呼び起こし、人をまとめて進化させてきたのです。

「自分の気持ち」を他人に応用するのがうまい

では、そんな潜在的な共感力を持つ内向型が、さらなる共感力を発揮する方法をお伝えしていきましょう。

「IQよりも重要なEQ」という言葉を聞いたことがある人は多いでしょう。

EQ（感じる知性）の概念は、1995年に心理学博士のダニエル・ゴールマンが『EQ　こころの知能指数』として出版し、ベストセラーになったことで広がりました。

彼の問題意識は「一体、なぜＩＱの高い頭の良い人が不合理と思える行動を取るのか」ということでした。これは皆さんも職場などで日々感じているのではないでしょうか。必ずしも高学歴の人が仕事ができるわけでも、合理的な行動を取るわけでもないはずです。

彼はこの誰もが一度は抱いたことのある疑問に対して「人生に大きな差をつけるのは、ＩＱより感情をコントロールする自制心や他者に共感し協調する能力（ＥＱ）である」と結論付けました。

その後も、ゴールマンが共感力について思考を重ね、共感性について興味深い論考を執筆しています。

その論文で彼は、共感力を高めるには「他人の立場になって考えること」が第一歩だと指摘しています。そして、共感力のいくつもの種類について論じています。

「共感力」と聞くと「他人の気持ちや感情を理解する力」と考える人が大半でしょう。その通りなのですが、ゴールマンは人が他者に共感を示す様子を注意深く観察していると、３種類の共感が浮かび上がってくるとしています。

認知的共感：他者の視点を理解する力。
　認知的共感を高めれば、相手の気持ちや反応を想像することができるようになるので、会議などで感想を伝えるときに役立ちます。

情動的共感：他者の感情を汲み取る力。
　情動的共感が高くなれば、相手に寄り添い、自分のことのように喜んだり悲しんだりできるようになるので、相手から見ると「この人はわかってくれている」と信頼を得ることにつながります。

共感的関心：相手が自分に何を求めているかを察知する力。
　共感的関心はビジネスの現場でも重要になる力です。共感的関心が高ければ、同僚や部下、取引先が助けを求めているときにはすぐに支えることができます。難しい交渉事を進める際などにも役立つ力です。

そして、これらの共感力は才能ではないとゴールマンは論じています。

自分自身で意識して、訓練することでこれらの共感力を発揮できるのです。

例えば、認知的共感は探求心によって育まれます。

周囲にいる全員を理解したいという意欲を常に持ち続けて、「あの人はなぜあのような行動を取ろうと考えたのだろう」「なぜあのような行動を取ったのだろう」「何がうまくいき、何がうまくいかなかったのだろう」と思いを巡らすことが他者の視点を深く理解するきっかけになります。

情動的共感を高めるには細かく相手を観察することが欠かせません。

例えば、相手の喜怒哀楽は表情や手の仕草によくあらわれます。

特に怒りの症状、イライラしている状況や悲しんでいるときのサインはわかりやすいはずです。サインを見逃さないように、日頃から念頭に置いて観察する姿勢が重要になります。

ゴールマンは「情動的共感を呼び起こすには、2種類の注意を働かせることになる。

一方では、相手の感情に対する自分の反応に意識的に注意を向け、他方では、表情や声の調子などから相手の感情を幅広く読み取るのである」と指摘しています。

共感的関心の発揮は一見難しそうに思えますが、意外なことに「相手が何をしてほしいか」を考えないことが逆に近道になります。「何をしてほしいか」ではなく、最初に相手の気持ちを考えれば自然と答えが見えてきます。

実は私たちは生まれながらにして、他者の苦悩を自分のことのように受け止められる資質がある程度備わっているともいわれています。ゴールマンも「脳の活動パターンでも相手の痛みを感じ取るなど、自分の体内に他者と同じ情動が湧き起こる」としています。ある種の直感が働くのです。ですから、他人の感情を理解するには、まずは自分の感情を理解する姿勢が求められます。

いずれの共感力も観察と自分の感情への理解が欠かせません。そして、自分を理解することは内向型の人が得意な作業です。ここで挙げたような訓練を取り入れることで、皆さんの中に眠っている共感力が発揮できるようになるはずです。

もっと共感力を磨く方法

共感力を発揮するメソッドにミラーシステムがあります。

脳科学者の乾敏郎さんは、インタビューで、「他者の感情を読み取るにはどうしたらいいでしょうか」という問いに「私たちは他者を見ると、相手も自分と同じ人間なんだと無意識のうちに感じます。そのときに自分に湧き上がった感情から、共感的に相手を理解します」と答えています。

つまり、私たちは無意識に脳を働かせて自他を同一視して、意識しなくても相手を理解しているのです。「そんな能力があるわけがない！」と思われるでしょう。でも、皆さんの脳も日頃からそうしたプロセスをたどっています。


例えば、あなたが公園でガールフレンドを見ているとします。

彼女は花を持っています。

あなたには彼女が何をしているのかがわかるはずです。花を摘んでいるのだなと思うでしょう。

また、その理由もわかっています。彼女があなたに向かって微笑みかけたので、自分に花をプレゼントしてくれるのだろうと推測したはずです。

ほんの数秒で終わる単純な場面ですが、あなたには彼女に何が起きているのかをほとんど瞬時に理解しているはずです。


これは脳に模倣回路が備わっているからで、この模倣回路を「ミラーシステム」と呼びます。私たちは他者の行為を自分の脳内にあたかも鏡（ミラー）のように直接映し出せるのです。

多くの人に自覚はありませんが、相手の動きを理解するとき、私たちは常に自分の頭の中で同じような動きを取っています。

ミラーシステムは生まれたときから備わっているものと、後から獲得するものがあります。

例えば、皆さんは赤ちゃんのころから誰かに微笑まれたら微笑み返したはずです。これは先天的に備わっているものです。

一方で自分が経験していなければ働かないものもあります。

乾さんはわかりやすい例として、テレビでのフィギュアスケートの解説を例に挙げています。

フィギュアスケートはどの種類のジャンプを見ても、素人には大きな違いはわかりませんか。ジャンプの違いは知っていても、三回転半なのか四回転なのか、解説がなければ同じに見える人がほとんどでしょう。また、テレビで解説者が細かい技術の解説をしても、よほどのファンでなければ理解できません。

これはなぜかというと、人間は自分ができない動作は視覚的にしか認識できないからです。私たちの多くはフィギュアの未経験者です。選手がジャンプしていることは視覚で捉えられても意味付けはできません。

一方、解説者の多くはフィギュアスケートの経験者なので、ミラーシステムを動かして共感や理解を高められます。ジャンプを失敗したのはなぜか、なぜこうしたジャンプの構成にしたのかなどが手に取るようにわかるのです。

つまり、私たちは自分の経験からしか相手のことを推し量れません。共感もできないのです。

ですから、共感力を発揮するにはこのミラーシステムを意識すればいいわけです。

特にビジネスの現場では有効です。なぜならば、通常、会社では年齢を重ねれば重ねるほどさまざまな経験を積むからです。参照する経験が多くなればミラーシステムは働きやすくなります。

例えば、部下が何を考えているかわからない、何について悩んでいるかはっきりしないとします。そうした場合は皆さんが部下だったころを思い出してみればいいでしょう。

皆さんも上司の立場になる前は誰かの部下だったはずです。

部下だったときに自分は何に悩んでいたか、どのように苦境を乗り越えたのか。部下としての経験を自分でもう一度見つめ直しましょう。

部下のことをものすごい剣幕で叱ってしまって、どうフォローしようか悩んでいたとしたら、自分がかつて叱られたときに上司はどうふるまっていたかを思い出してみましょう。

自分の経験したことを振り返ることでしか、人間は共感を発揮できません。

自分の過去を振り返って、ミラーシステムを発動しやすくしておけば、共感力も自然と高まります。

おわりに

「内向型の人に自信を持ってほしい」

これが本書を執筆した唯一にして最大の動機です。

私自身、小さいころから内向型の性格で苦しんだ時期が何度もありました。特に外向型のふるまいを求められるアメリカに渡ってからは、自分の内気さに落ち込んだことは数知れません。

ただ、あるとき、「内向型らしくいよう」という覚悟を決めました。

外向型を装っているときは自身が軽率に感じられることも多く不快でした。悩んだ結果、内向型の自分の強みを見つけよう、活かしていこう。このまま人に流されるよりは、自分自身の芯の部分を否定せず強みとして出していくという覚悟を決めました。

私がこのとき学んだのは、「信じる」という行為は信じられる根拠や証拠を見つけてから取るものではなく、信じたことが裏切られても自身の責任として受け入れる覚悟をして前に進むこと以外の何物でもないということでした。

その覚悟をもってしても、外向型の性質が長所として見られることがアメリカでは顕著であり、それに嫌というほど感化されてきましたが、内向型には内向型の長所があり、それを活かすことによってアメリカでは見られない唯一無二の個性として必ず通用する場があるに違いない。

「自身に無理をせず、内向型らしく」

そう思い、本書で皆さんにお伝えしたメソッドをうまく生活に取り入れることで、「自分らしさ」を発揮し、アメリカで精神科医として活躍できるようになりました。

本書でも繰り返しお伝えしましたように、今の人類の繁栄を築いたのは内向型の人たちです。内向型抜きにして人類は存続できなかったと私は考えています。

ただ、ここ数十年はたまたま外向型に有利な社会システムが構築されていました。自分を飾って、自分を主張して、群れの中で自分の優位を主張する人が社会のメーンストリームにいました。そして、過剰なまでの外向型社会が皆さんの自信を揺るがしていたのです。

つまり、内向型のあなたが活躍できないのはあなたのせいではありません。あなたを窮屈にさせる時代の問題だったのです。

ただ、その時代も変わろうとしています。

皆さんの、周りを見渡してみてください。

SNS疲れやスマホ依存など外向型コミュニケーションによる多くの弊害が目に見える形であらわれています。その反動として、「自分らしさ」を追求していく、自分の幸せは何かを求める動きが国を問わず盛り上がっています。「飾る時代」から「内省の時代」に着実に移行しています。

外向から内向へのシフトチェンジが、ゆっくりですが確実に起きています。内向型の人が自信を持って、自分の力を発揮しやすい環境が整ってきています。

本書を読み終えたあなたは内向型のものすごい潜在能力に気づいたはずです。実際、現代でも成功者の多くは周囲に惑わされないで「自分らしさ」を貫いた内向型です。あとは皆さんも成功者と同じように、秘められた力をうまく発揮するだけです。

最後になりますが、皆さんは変わる必要はありません。ありのままを大切にしてください。内向型が持つ潜在能力を発揮して、皆さんの新しい人生を切り開いてください。

参考文献

プロローグ

1. What percentage of the population are introverts, the wright initiative
2. Stop Telling Introverts to Act Like Extroverts, Evy Kuijpers, Joeri Hofmans, and Bart Wille, Harvard Business Review, October 17, 2022
3. Rethinking the extraverted sales ideal: the ambivert advantage, Adam M Grant, Psychological Science, April 8, 2013

序章

4. The Hidden Advantages of Quiet Bosses, Adam Grant, Francesca Gino, and David A. Hofmann, Harvard Business Review, December 2010
5. The Gifted Introvert, Lesley Sword, Gifted and Creative Services Australia.
6. Entering Harvard: Is It Better to Be Introverted or Extroverted?,MARTINA SANCHEZ,LEGAL READER.COM, December 12, 2018
7. Radical Acceleration of Highly Gifted Children, Miraca U. M. Gross, PhD Helen E. van Vliet, MBBS M.Teach, Gifted Education Research, Resource and Information Centre The University of New South Wales Sydney Australia

第1章

8. How Introvert and Extrovert Brains Differ: 6 Differences According to Science, Reyna Charles, MIND JOURNAL
9. The Introvert Advantage: How Quiet People Can Thrive in an Extrovert World, Marti Olsen Laney Psy.D., Workman Publishing Company, February 1, 2002
10. Reaction to punishment in extraverts and psychopaths: Implications for the impulsive behavior of disinhibited individuals, Joseph P. Newman, Journal of Research in Personality, Volume 21, Issue 4, December 1987, Pages 464-480
11. Effects of group pressure upon the modification and distortion of judgments., Asch, S. E., APA PsycNet

第2章

12. Increased Grey Matter Associated with Long-Term Sahaja Yoga Meditation: A Voxel-Based Morphometry Study, Sergio Elías Hernández, José Suero,Alfonso Barros, José Luis González-Mora,Katya Rubia, PLOS ONE,March 3, 2016
13. Differences in regional brain volume related to the extraversion-introversion dimension——A voxel based morphometry study, Lea J. Forsman, Örjan de Manzano, Anke Karabanov, Guy Madison, Fredrik Ullén, Neuroscience Research, Volume 72, Issue 1, January 2012, Pages 59-67
14. Quiet Kids: Help Your Introverted Child Succeed in an Extroverted World,

Christine Fonseca , Routledge,October 1, 2013

15. Neurobiology of the structure of personality: Dopamine, facilitation of incentive motivation, and extraversion, R A Depue , P F Collins, Cambridge University Press,01 June 1999

第 3 章

16. Creativity: Theories and Themes: Research, Development, and Practice, Mark Runco, Academic Press Inc, 2nd Edition,May 27, 2014

第 5 章

17. Sensorimotor-Conceptual Integration in Free Walking Enhances Divergent Thinking for Young and Older Adults, Chun-Yu Kuo, Yei-Yu Yeh, Front. Psychol., 13 October 2016, Sec. Cognition, Volume 7 - 2016
18. WHEN PUTTING WORK OFF PAYS OFF: THE CURVILINEAR RELATIONSHIP BETWEEN PROCRASTINATION AND CREATIVITY, JIHAE SHIN Yale University, ADAM M. GRANT University of Pennsylvania, Academy of Management Journal 2021, Vol. 64, No. 3, 772–798.
19. Ten Habits of Highly Creative People,SCOTT BARRY KAUFMAN,CAROLYN GREGOIRE, Greater Good Magazine, JANUARY 20, 2016

第 6 章

20. Age-related differences in the timing of stimulus and response processes during visual selective attention: Performance and psychophysiological analyses, ELLY J. ZEEF, ALBERT KOK,PSYCHOPHYSIOLOGY, Volume30, Issue2 March 1993 Pages 138-151
21. The social economy:Unlocking value and productivity through social technologies, McKinsey Global Institute, McKinsey & Company, July 2012

第 7 章

22. Empathic: An Unappreciated Way of Being,Carl R.Rogers,Ph.D., Center for Studies of the Person, La Jolla,California,The Counseling Psychologist, 1975, Vol.5, No. 2-10

第 8 章

23. Empathy (HBR Emotional Intelligence Series), Harvard Business Review Press, May 9, 2017

著者略歴

大山栄作（おおやま・えいさく）

米国・精神科医。自身も内向型。マンハッタン精神医学センター精神科医。安心メディカル・ヘルス・ケア心療内科医。米国精神神経学会認定医。米国精神医学協会（ＡＰＡ）会員。

1993年東京慈恵会医科大学卒業。聖路加国際病院 小児科、慈恵病院 精神科を経て、埼玉県立越谷吉伸病院 精神科医長。2005年よりシティ・オブ・ホープ・メディカル・センター、ハーバーUCLAメディカルセンターにて、精神疾患の分子生物学的研究に従事。

2012年マウントサイナイ医科大学精神科研修修了、現在に至る。日本で10年以上、米国で10年以上の臨床経験をもつ。

精神科医《せいしんかい》が教《おし》える
「静《しず》かな人《ひと》」のすごい力《ちから》
内向型《ないこうがた》が「秘《ひ》めたる才能《さいのう》」を120%活《い》かす方法《ほうほう》

2024年３月３日　初版第1刷発行
2024年３月31日　初版第2刷発行

著　　者　大山栄作
発 行 者　小川 淳
発 行 所　SBクリエイティブ株式会社
〒105-0001　東京都港区虎ノ門2-2-1
ブックデザイン　小口翔平＋須貝美咲（tobufune）
校　　正　ペーパーハウス
Ｄ Ｔ Ｐ　株式会社RUHIA
編集協力　栗下直也
編集担当　水早 將
印刷·製本　中央精版印刷株式会社

本書をお読みになったご意見・ご感想を
下記URL、またはQRコードよりお寄せください。

https://isbn2.sbcr.jp/24347/

ISBN978-4-8156-2434-7